難しい依頼者と
出会った
法律家へ

パーソナリティ障害の理解と支援

臨床心理士・元弁護士
岡田裕子 編著

日本加除出版株式会社

はじめに

難しい依頼者は避けられない

　本書における「難しい依頼者」とは，感情の表し方，思考方法，対人関係における態度に，常識を超えた極端さがあるため，弁護士が困惑するような依頼者のことです。例えば，紛争の相手方への怒りで我を忘れて大声を上げる人，現実味の乏しい「嫌がらせ」にあっていると訴える人，高飛車な態度で弁護士のささいなミスをなじる人，などを思い浮かべてみてください。

　「難しい依頼者」の事件では，弁護士は事件遂行の過程で様々な困難に突き当たります。たとえば事実関係の聴取，方針の決定，和解交渉，敗訴に終わった場合の説明，報酬請求など，様々な局面で弁護士業務がスムーズに運ばず，最悪の場合は依頼者から懲戒請求されることもあるでしょう。

　このような難しい依頼者について，「あとあと面倒なことになるから，最初から避けたほうが無難だ」と考えてきた方も，読者の中にはおられるでしょう。あるいは「なるべく避けたい」と思いながら，そうと分からずうっかり受任し，結局，関係がこじれて身動きが取れなくなった経験がある方もおられるかもしれません。

　しかし「難しい依頼者」を，弁護士は本当に「受任しないのが無難」と避けることができるのでしょうか。また，避けてよいものなのでしょうか。本書では，いずれも答えは"No"だと考えています。「難しい依頼者」を避けることは容易ではないし，そもそも「難しい依頼者」だからと避けることは，弁護士として望ましいことではないというのが，本書のスタンスです。

　そもそも「難しい依頼者」かどうか，一見して分かるとは限りません。

はじめに

　多くの依頼者は，初めて会う弁護士の前で，常識的で礼儀正しく振る舞います。表面的なレベルではいたって普通の人々です。しかし，いったん受任して事件を進めていくうちに（関係が深まることによって），依頼者の意外な側面——極端に偏った性格特徴——を発見して驚愕するという場合が多いのです。そのため，出会ってから受任に至るまでの段階で，その依頼者が難しい人かどうかを適確に判断することはかなり困難です。

　もう１つの問題として，近年の弁護士人口の増加によって，昔のように弁護士が依頼者を選ぶ余裕はない時代が到来しています。とくに「軒弁（ノキベン）」や「即独（ソクドク）」を余儀なくされた若手弁護士は，「冷静で，合理的判断ができて，弁護士費用をきちんと払ってくれそうな筋の良い依頼者でなければ受任しない」などと言っていては食べていけないのではないでしょうか。「難しい依頼者」の事件を引き受け，関係がこじれることなく，依頼者の満足のいく解決を得ることができるなら，弁護士の顧客層はぐっと広がる可能性があります。

もっとも法律家の権利擁護を必要としている人々

　しかし何より重要なことは，「難しい依頼者」こそ，弁護士の援助を必要としているということです。彼らの難しさは弁護士だけが感じるものではなく，家族，友人，上司や同僚，隣人など，周りの人が一様に感じている可能性が高いのです。なぜなら，その難しさは彼らのパーソナリティに起因しており，人生を通じて似たパターンが繰り返されているからです。それゆえ彼らの人生は，身近な他者との愛憎のもつれ，対立，別離の繰り返しであり，その一部が法的紛争化して弁護士のもとに来ていると考えられます。しかも弁護士にすら愛想をつかされ，「この弁護士で○人目」と弁護士を渡り歩いていることも少なくありません。

　彼らが他者と対立してしまうのは，彼ら自身のパーソナリティに起因しているのですが，しかし，それは彼らが故意で行っていることではありません。むしろ彼ら自身も他者と良い関係でいたいと望んでいるにもかかわらず，様々な心理的要因がそれを妨げていると考えられます。「難しい依

頼者」は弁護士にとって「困った依頼者」ですが，実は最も困っているのは，彼ら自身なのです。

　意図せずして他者との間で関係がこじれ，法的紛争になってしまった「難しい依頼者」は，とても孤独であり，弁護士の援助を切実に必要としています。そして法的紛争が良い形で解決することは，彼らの生きづらい人生を少なからず改善する可能性があります。つまり「難しい依頼者」こそ，弁護士による権利擁護を強く求めていると言えるのです。

すべての法律専門職に共通する課題であること

　以上のような観点から本書は，弁護士が「難しい依頼者」との間で信頼関係を築き，円滑に事件を遂行するために必要な知識や対応のコツを示すことを目的としました。

　しかし，このような「難しい依頼者」への対応という課題は，弁護士だけが遭遇しているわけではありません。司法書士，行政書士，あるいは，それぞれの事務所の事務職員の方々など，すべての法律関係者は，弁護士と同様に法的問題を抱えた「難しい依頼者」と日々出会っているはずです。そして，「難しい依頼者」からの長電話や何十通ものメールに疲弊したり，怒声に震撼したり，長々と続くすすり泣きに辟易したりしているのではないでしょうか。良い関係の中で，依頼者に最適な法的サービスを提供したいと思いながら，それができずに苛立つことが少なくないはずです。

　本書で掲げる事例は，筆者にもっとも身近な弁護士を主人公として作成しています。また具体的なスキルは弁護士を想定したものが中心です。しかしそれらのエッセンスは，同じ法律専門職，法的サービスの提供者として，司法書士や行政書士の方々，また事務職員の方々にも，きっと役立つことと思います。

依頼者の「難しさ」とパーソナリティ障害

　本書は，「難しい依頼者」には，臨床心理学的・精神医学的にみて

はじめに

「パーソナリティの偏り」がある場合が多いのではないかと想定しています。パーソナリティの偏りが極端な場合には，精神医学的に「パーソナリティ障害」と診断される可能性もあります。

言うまでもなく，全ての「難しい依頼者」にパーソナリティの偏りがあると決めつける趣旨ではないし，ましてや「難しい依頼者」がパーソナリティ障害だと断定するつもりは全くありません。

このことは，パーソナリティ障害がかつて「人格障害」という言葉で表され，何か問題のある人格であるという印象を与えたことからも，非常に注意すべき事柄です。「難しい依頼者」が人格的に劣っているという意味で，「パーソナリティの偏り」または「パーソナリティ障害」かもしれないと考えてはならないことは，強くお伝えしたいと思います。

しかしなお，「難しい依頼者」にどう対応すべきか考えるために，パーソナリティ障害という概念を用いて考えることは，とても有用だと思います。なぜなら，ある人がパーソナリティ障害であるとは，その人がパーソナリティの要素である思考，感情，対人関係のパターンにおいて極端な傾向を示し，身近な他者との関係に問題が生じやすいことを意味します。それはまさにある人が，彼の援助者である弁護士との間で問題を生じやすい「難しい依頼者」であることと，重なり合うからです。

このような立場にたって，本書では「難しい依頼者」とパーソナリティ障害とを関連付けて論じています。しかし，そこにパーソナリティ障害の方々をネガティブにとらえたり，敬遠する意図は全くないことを強調しておきたいと思います。

対応法の仮説を持つことを目標にすること

依頼者に限らず，パーソナリティ障害の家族，恋人，友人，同僚がいれば，つき合い方に頭を抱えることになります。そのため「パーソナリティ障害の人とのつきあい方」といった書籍は既に多く出版され，パーソナリティ障害の様々な類型に即した一般的な対応法が論じられていますが，本書はその弁護士への応用編といえます。

はじめに

　家族関係や友人関係と異なり，弁護士―依頼者の関係は，法律問題を依頼者の利益になるように解決するという明確な目的を持ち，利害が対立する相手方が存在し，法律や裁判制度という外在的制約があるなど，固有の性質を持つ人間関係です。そのような弁護士―依頼者関係の特徴に応じて，パーソナリティ障害やその傾向を持つ人々への対応法を考える必要があり，本書はその要請に応えることを意図しています。

　このように説明すると，読者の中には本書を「パーソナリティ障害の依頼者への対応法を書いたマニュアル本だろう」と捉える方もおられるかもしれません。法律家は，「実定法」や「判例」を基準にして物事を考える習慣がありますので，他の場面でも何か形のある基準（マニュアル）を拠り所にしたいと思いがちであることは，筆者自身も痛感しているところです。そして確かに本書は，いくつかのパーソナリティ障害の類型に沿って，弁護士が何に注意を払い，どのように対応すると良いのかを述べています。

　しかし，対人関係において確実なマニュアルなど無いことは，親や兄弟，友人，恋人，配偶者との関係についての実体験を思い起こせば，容易に想像がつくことでしょう。仮にある依頼者が，あるパーソナリティ障害の類型に似た行動・感情・思考のパターンを示すと判断できたとしても，人の性格は千差万別であり，置かれている状況も多種多様なので，「対応法」の単純な当てはめをしたとしても，必ずしもうまくいくとは限りません。

　それでもなお，本書が読者の役に立つと考えるのは，次のような理由からです。「難しい依頼者」に悩んでいるとき，だれもが，それまでの対人関係の経験から似たような場合があったかどうか思い出して，同じことを試してみようとするでしょう。しかし，「難しい依頼者」から受ける衝撃や混乱が，それまで経験したことのないものだったら，あなたはどう考えてよいか分からず，混乱や不安は増すことでしょう。その時，何か過去の経験に代わる，考えるヒントが欲しいと思うのではないでしょうか。言い換えれば，「難しい依頼者」がどのような人物であり，どう対応すればうまくいくのかについて，いくつか可能性のある仮説を立てて検討することができれば，それだけでも，あなたの混乱と不安は軽減するのではないでしょうか。それによってあなたの対処能力は格段に向上するはずです。

はじめに

　本書は，そのヒントを提供するものであり，弁護士が「難しい依頼者」への有効な対応策を練るため，いくつかの仮説を立てられるようになることを目指しています。パーソナリティ障害の類型，特徴，その対応法を知識として持つことは，あなたが「難しい依頼者」への対応法について，いくつかの仮説を持てるようになるということです。

　翻って考えてみれば，法律的な紛争についても，実定法や判例を単純に当てはめることはできません。現実の事象から，どの事実を拾って，どう法律構成するのかは，実は複雑な要素が絡んでいますし，各法律家の価値観にもよります。しかしそうはいっても，人と人とが争っているとき，法律家はいくつかの法律構成の可能性，すなわち，紛争解決の道筋についての，いくつかの仮説を立てることができます。そして，どの仮説を採用すべきかをよく考えて決定します。それと同じことを，法律家が依頼者との対人関係でも行うことができればよいのです。

　法律上の要件・効果論が争いの実態を分析して適切な解決を導く指針となるように，パーソナリティ障害の類型とその対応法の一般原則が，「難しい依頼者」の内面を理解し，弁護士とのこじれた関係を解きほぐす足掛かりとなるはずです。

本書の構成について

　第Ⅰ部では，本書で想定している「難しい依頼者」とは何かについて概念を整理し，パーソナリティ障害についての基本的な説明を行います（第1章）。

　そして，難しい依頼者のパーソナリティの見立て方について，いくつかのヒントを述べます（第2章）。

　第Ⅱ部では，法的紛争の場面によく現れると考えられるパーソナリティ障害の類型を6つ取り上げ，それぞれの特徴，原因，対応法を説明した上で，具体的な事例に沿って依頼者の心理の理解と対応法の具体例を示します。なお，それらの事例は，いずれも複数の事例を組み合わせて作成したモデル事例です（第1章～第6章）。

　さらに，難しい依頼者への対応法について少し視野を広げ，パーソナリ

はじめに

ティ障害だけではなく他の精神疾患との関連も見ながらまとめます（第7章）。

　第Ⅲ部では，パーソナリティ障害について第一線の研究者である精神科医の林直樹教授に，精神医学の専門的見地から，「パーソナリティ障害の基礎知識とそれとのかかわり方」というテーマで解説をしていただきます。

　本書は，はじめから読むよりも，第Ⅱ部の事例から読み始める方が，興味をもって読んでいただけるように思います。これまでに実際に出会ったユニークな依頼者の方々の顔を思い浮かべながら，こうだと1つに決めつけるのではなく，様々な角度から考えを巡らせていただけると幸いです。

2018年1月

岡田　裕子

難しい依頼者と出会った法律家へ
―パーソナリティ障害の理解と支援―

目　次

はじめに i

第Ⅰ部　難しい依頼者をどう理解するか

第1章　難しい依頼者とパーソナリティ障害　　3

❶ 難しい依頼者 3
　(1) 難しい依頼者とは 3
　(2) やさしい事件を難しくする依頼者 4
　(3) 弁護士が抱く感情の難しさ 5
　(4) なぜ現在，難しい依頼者が問題となっているのか 6

❷ 難しい依頼者とパーソナリティ障害 8
　(1) パーソナリティ障害と難しい依頼者との関連性 8
　(2) パーソナリティ障害というスティグマにしてはならない 10
　(3) 法的紛争の渦中の一般的心理状態 12
　(4) 難しさを生み出す様々な精神疾患 13

❸ パーソナリティ障害とは 14
　(1) パーソナリティ障害とは 14
　(2) パーソナリティとパーソナリティ障害 15
　(3) DSM-5におけるパーソナリティ障害 19
　(4) パーソナリティ障害の類型と法的紛争への関わり方 20

❹ パーソナリティ障害の原因 22
　　COLUMN　認知の歪曲について 24

ix

目　次

第2章　難しい依頼者の見立て　25

❶ 関係性がこじれないための見立ての必要性……… 25

　　COLUMN　問題は他者にあると考える ……… 26

❷ パーソナリティ障害についての知識の有用性……… 27

❸ パーソナリティ障害の「診断」の難しさ……… 27

❹ 弁護士がパーソナリティ障害を「見立てる」ことの意味……… 29

　（1）理解によって得られる安心感 ……… 29
　（2）依頼者のパーソナリティを吟味することの効用 ……… 30
　（3）具体的対応法まで明確に分からなくても対応力は上がる ……… 31
　（4）パーソナリティ障害の理解が役立つ場合の例 ……… 32

❺ 依頼者のパーソナリティの見立て方（アセスメント）……… 33

　（1）これまでの経歴の中のパターンに注目する ……… 34
　（2）非言語的メッセージを感じ取る ……… 35
　（3）紛争の渦中という状況ストレスの考慮 ……… 35

　第Ⅰ部：文献 ……… 37

第Ⅱ部　パーソナリティ障害の類型と対応法

第1章　情緒不安定な当事者（境界性パーソナリティ障害）　41

❶ Introduction
　▶▶▶ 情緒と対人関係の嵐に巻き込まれる ……… 41

❷ 境界性パーソナリティ障害の特徴……… 42

　（1）見捨てられ不安 ……… 42
　（2）両極端な考え・気持ち ……… 43
　（3）衝動的な問題行動 ……… 44

❸ **境界性パーソナリティ障害の原因** ·· *44*
　(1)　生物学的要因　〜うつ病との関連性 ································ *44*
　(2)　環境的要因　〜被養育体験 ·· *45*

事例　激情にかられたストーカー事件 ·· *46*

❹ **弁護士にとっての難しさと対応法** ·· *59*
　(1)　衝動的な行動は明確に行動制限する ································ *59*
　(2)　見捨てられ不安を防ぐため一定の距離を保つ ···················· *60*
　(3)　弁護士を理想化することを防ぐ ·· *61*
　(4)　感情的になっている時は，実際的問題へ注意を向ける ········ *62*
　(5)　複数の弁護士で対応すること ·· *63*

第2章　高飛車な態度をとる依頼者
　　　　（自己愛性パーソナリティ障害） *64*

❶ **Introduction**
　▶▶▶健全な自己愛と病的な自己愛 ··· *64*

❷ **自己愛性パーソナリティ障害の特徴** ·· *66*
　(1)　自分が特別に優れていると信じている（誇大感） ··············· *66*
　(2)　自分は他者から特別に扱われて当然との気持ちがあること
　　　（特権意識） ·· *67*
　(3)　他者の気持ちを理解し，思いやることができない
　　　（共感性の欠如） ·· *68*
　(4)　「訴える側」にも「訴えられる側」にもなりやすい ·············· *68*

❸ **自己愛性パーソナリティ障害の原因とこころの動き** ···················· *69*

事例　モラルハラスメントの離婚事件 ·· *71*

❹ **弁護士にとっての難しさと対応法** ·· *84*
　(1)　尊重し承認するスタンスをとる ·· *84*
　(2)　特別扱いの要求のすべてに応えようとしてはいけない ········ *85*

(3)　裁判所関係者に悪い印象を与えないように事前準備をする……… *85*
　　(4)　和解や調停で妥協してもらうためにプライドをくすぐる……… *86*
　　(5)　弁護士への攻撃や批判は，個人的なものと捉えない……………… *88*

第3章　他者を欺き利用する依頼者
　　　　　（反社会性パーソナリティ障害） *90*

❶ Introduction
　　▶▶▶ 良心の痛みなく他者を傷つける人々……………………………… *90*

❷ 反社会性パーソナリティ障害の特徴 ……………………………… *92*
　　(1)　規範やルールに従う姿勢がない …………………………………… *92*
　　(2)　口達者で皮相的 ……………………………………………………… *92*
　　(3)　良心の呵責の欠如 …………………………………………………… *93*
　　(4)　共感能力の欠如 ……………………………………………………… *94*

❸ 反社会性パーソナリティ障害の原因とこころの動き ………… *94*
　　(1)　環境か遺伝か ………………………………………………………… *94*
　　(2)　生物学的要因 ………………………………………………………… *95*

　事 例　自己中心的な被疑者の刑事弁護 …………………………………… *96*

❹ 弁護士にとっての難しさと対応法 ……………………………… *108*
　　(1)　言葉巧みな嘘にごまかされず，主張の真偽を検証する ………… *108*
　　(2)　迎合せず，毅然とした揺るがない態度を保つこと ……………… *110*
　　(3)　弁護士自身の安全の確保 …………………………………………… *111*

第4章　魅惑的だが不可解な依頼者
　　　　　（演技性パーソナリティ障害） *112*

❶ Introduction
　　▶▶▶ 他者を魅了したい人々 ……………………………………………… *112*

❷ 演技性パーソナリティ障害／ヒステリー性格の特徴 ………… *113*

(1) 注目されたいという欲求 ··· *113*
　　(2) 性的に誘惑的になる ··· *114*
　　(3) 認知様式の曖昧さ（物事をおおざっぱに見る） ················· *115*
　　(4) 解離性障害，転換性障害 ·· *115*

❸ 演技性パーソナリティ障害／ヒステリー性格の原因とこころの動き ··· *117*

　　(1) 生物学的原因 ·· *117*
　　(2) 環境的要因　〜注目を得たいのはなぜか ··························· *117*
　　(3) 認知の特徴と転換，解離 ·· *118*

　事例 魅力的なエステティシャンの自己破産事件 ··················· *119*

❹ 弁護士にとっての難しさと対応 ··· *130*

　　(1) 丁寧な事実確認の必要性 ·· *130*
　　(2) 症状の出現と対応 ··· *131*
　　(3) 弁護士との関係がこじれないようにするためには ············ *132*

第5章　猜疑心の強い依頼者（妄想性パーソナリティ障害）　*133*

❶ Introduction
　　▶▶▶疑い深く「好訴的」な人々 ··· *133*

❷ 妄想性パーソナリティ障害の特徴 ··· *134*

　　(1) 猜疑心と他者への不信感 ·· *134*
　　(2) 妄想性パーソナリティ障害における"妄想"の性質 ············ *136*
　　(3) 自分の情報を秘密にしたがる ··· *136*
　　(4) 執拗な恨みを抱くこと ·· *137*

❸ 妄想性パーソナリティ障害の原因とこころの動き ··············· *137*

　事例 妻の不貞行為を疑う夫のケース ······································ *138*

❹ 弁護士にとっての難しさと対応法 ··· *150*

　　(1) 妄想的な主張は，真摯に事実確認をする ··························· *150*

目　次

- (2) 法的手続・事件の進め方を丁寧に説明して不信感を
軽減する ……………………………………………………………… 151
- (3) 依頼者と距離を置かないよう心がける ……………………………… 152
- (4) 妄想的な考えを変えようとせず，妄想に基づく危険な行動
を変えるよう働きかけること …………………………………………… 153
- (5) 弁護士に猜疑心を向けられたときの対応 …………………………… 154

第6章　ひとりでは何もできない依頼者
（依存性パーソナリティ障害） *156*

❶ Introduction
　▶▶▶頼りすぎる人々 ………………………………………………… *156*

❷ 依存性パーソナリティ障害の特徴 ……………………………………… *157*
- (1) 自分は無力なので1人では生きていけないという信念 ………… *157*
- (2) 他者は強くて力があるので，他者を頼らなければならない
と感じる ……………………………………………………………… *157*
- (3) うつ病や不安障害との関係 ……………………………………… *158*

❸ 依存性パーソナリティ障害の原因とこころの動き ………………… *158*
- (1) 生物学的要因 ……………………………………………………… *158*
- (2) 被養育環境 ………………………………………………………… *159*

事例 頼りすぎる主婦の離婚事件 …………………………………… *159*

❹ 弁護士にとっての難しさと対応法 …………………………………… *169*
- (1) 本音を言える関係づくり ………………………………………… *169*
- (2) 弁護士が代わりに決断しない …………………………………… *170*
- (3) 決断を急がせない ………………………………………………… *171*
- (4) 事件終結時の配慮が必要であること …………………………… *171*

第7章　パーソナリティ障害以外の精神疾患による難しい依頼者　173

❶ 荒唐無稽な妄想について　―統合失調症の可能性 173
- (1) 否定せず，気持ちに共感する 173
- (2) 現実的な問題が隠れていることに留意 174
- (3) 第三者からの裏付けをとる 174
- (4) 全くの妄想である場合の対応 174
- (5) 医療機関への受診の勧めは慎重に 175
  - COLUMN 統合失調症 176

❷ 精神疾患を自称したとき 176
- (1) 「診断名」をどう理解するか 177
- (2) 疾病利得について 177

❸ 嘘をついている場合　―演技性パーソナリティ障害・反社会性パーソナリティ障害の可能性 178
- (1) 自分の得にもならない嘘 178
- (2) 自分の有利に事を運ぶための嘘 178

❹ 記憶が不明確な場合 179
- (1) 依頼者が比較的若い年代の場合 179
  - COLUMN 解離性健忘 180
- (2) 依頼者が高齢者の場合 180
  - COLUMN 認知症 181

❺ 注意力・集中力に問題がある場合　―注意欠陥多動性障害の可能性 182
  - COLUMN 注意欠陥多動性障害（ADHD） 183

❻ 決断できない場合 183
- (1) うつ状態の可能性 183

(2)　依存性パーソナリティ障害の可能性 ·· *184*
- ❼　コミュニケーションが難しい場合
　　―発達障害／自閉症スペクトラム障害の可能性 ································· *184*
　　COLUMN　自閉症スペクトラム障害［DSM-5］ ·· *186*

第8章　対応法のまとめ　　*187*

- ❶　弁護士―依頼者関係の特徴 ··· *187*
  - (1)　委任―受任の関係であること ··· *187*
  - (2)　法律や裁判手続といった制度の枠内で仕事を進める必要が
　　　あること ··· *188*
  - (3)　仕事を進める際に，依頼者との協働作業が必須であること ······ *188*
  - (4)　依頼者から成功報酬をもらう必要性 ··· *188*
  - (5)　相手方の存在（紛争場面，勝ち負けを決める状況）··························· *189*
- ❷　対応法の共通原則 ·· *189*
  - (1)　同じ距離感を保つこと ··· *189*
  - (2)　関係を構造化すること ··· *190*
  - (3)　複数人でのチーム対応を原則とする ··· *191*
  - (4)　問題行動には毅然とした管理的対応をとる ·································· *191*
- ❸　他の専門職との連携 ·· *193*
  - (1)　精神科医との連携 ·· *193*
  - (2)　心理カウンセラーとの連携 ··· *193*
  - (3)　コンサルテーションを受けること ·· *194*

第Ⅱ部：文献 ··· *196*

第Ⅲ部 精神医学の専門的見地からのパーソナリティ障害の解説

パーソナリティ障害の基礎知識とそれとの関わり方 ……201

1 はじめに ……201

2 パーソナリティ障害の基本的な特性 ……202
- (1) パーソナリティ障害では基本的に一般の人と共通の特性が問題になること　～異質な特性があるわけではないこと ……202
- (2) 一般には軽症の精神障害であること ……203
- (3) 自分の行動に責任を持つことができること ……203

3 パーソナリティ障害概念の発展過程 ……204
- (1) ミロンの理論に基づく類型分類 ……208
- (2) 多神論的記述的症候論モデルの導入 ……208

4 現在のパーソナリティ障害の概念・定義 ……209
- (1) 従来の考え方を踏襲する立場 ……209
- (2) DSM-5代替診断モデルの考え方 ……211
- (3) 類型とその特徴 ……212

5 パーソナリティ障害の疫学 ……216

6 パーソナリティ障害の病態・病因の理解 ……216
- (1) 生物学的要因 ……216
- (2) 生育環境・心理社会的要因 ……217

7 パーソナリティ障害の治療 ……217
- (1) 心理社会的治療（心理療法）……217
- (2) 薬物療法 ……219

8 パーソナリティ障害の予後 ……219

9 パーソナリティ障害の問題の性質とその対応 ················ 220
  (1) 問題の性質 ·· 220
  (2) 問題への対応 ·· 222
  (3) 精神保健相談機関，精神科治療との関わり ················ 224

10 おわりに ··· 225

  第Ⅲ部：文献 ·· 226

あとがき ─────────────────────── 227
著者紹介 ─────────────────────── 229

第 I 部

難しい依頼者をどう理解するか

第 1 章 難しい依頼者とパーソナリティ障害

1 難しい依頼者

(1) 難しい依頼者とは

　本書における「難しい依頼者」とは，感情の表し方，思考方法，対人関係における態度に，常識を越えた極端さがあるため，弁護士が困惑するような依頼者のことです。

　弁護士として複数の事件を受任しているとき，それらが比較的楽な気持ちで進められる事件なのか，それとも，胃に何かがつかえているような重苦しい気持ちで取り組まなければならない事件なのかは，依頼者がどんな人物か，言葉を変えれば，依頼者がどのような性格であるかのかに大きく影響されます。難しい法律問題をはらんでいる事件でも，依頼者の性格が温和なら，「よし，この依頼者のために頑張ろう」という思いが自然に湧き，打合せもスムーズに運び，準備書面も書きやすいでしょう。証人尋問ではお互いの息の合う尋問ができるし，仮に敗訴になったとしても依頼者への報告に過度に神経をとがらせる必要もありません。

　しかし依頼者がいわゆる難しい性格だったとしたら，これらの事件処理の過程は，1つひとつが石を嚙み砕いていくような難行苦行となります。依頼者の機嫌を害さないように言葉を選び，電話やメールのタイミングにも気を使うのですが，結局依頼者は怒ったり，攻撃的になったり，過度に不安がったり，泣きだしたり，対応することが厄介な反応を生じます。

　このような「難しい依頼者」とは，一体どのような依頼者なのでしょうか。

　難しい依頼者は，受任事件の遂行過程という客観的な側面と，弁護士が抱く感情という主観的な側面の，2つの面から特徴付けられます。

(2) やさしい事件を難しくする依頼者

　通常の意味で弁護士にとって難しい事件とは，権利主張をしたいが法律構成が難しいとか，主張を裏付ける証拠の収集が事実上難しいとか，訴額が莫大なので何かと気を遣うなどが思い浮かぶでしょう。それらは受任事件の難しさが，事件の客観的な性質自体に内在している場合です。

　こういった事件は，確かに難しいと言えます。これらの事件を受任した弁護士は，頭脳も労力も使わなければいけません。しかし弁護士として当事者の権利擁護の必要性を感じ，そのために一肌脱ぎたいという思いを抱くならば，かえって張り切って難しさに挑んでいく弁護士も多いのではないでしょうか。

　しかし「難しい依頼者」の事件の難しさには，このような事件の客観的側面の難しさがあるわけではありません。ごくシンプルな貸金請求事件，境界確定事件，離婚事件などで，通常であれば訴訟外の交渉とか，調停で解決したり，訴訟になっても和解が成立するとか，仮に判決が出て執行となっても手続を粛々と進めていけば先が見えるような事件に過ぎないのです。それにもかかわらず，「難しい依頼者」の存在によって，これらの通常の事件が困難事件へと変貌します。

　難しい依頼者は，相手方への激しい感情をコントロールできず，自分の立場に固執して全体を見通すことができず，弁護士に対する信頼感をもって判断を委ねることができないなど，感情，思考，対人関係の持ち方において問題を抱えている依頼者です。

　そのような難しい依頼者の事件は，調停や和解などによる早期解決ができず，徒らに訴訟になるなどして長期化します。そのために，本来ならわずかな弁護士費用で早期に解決できるはずが，長引くことで弁護士費用もかさんでいくのです。弁護士から幾度となく「そこまで紛争を長引かせても，費用倒れになりますよ。少し妥協して早めに解決することが，あなたにとって得ですよ」などという説得をしても，難しい依頼者は聞く耳を持ちません。

　紛争が長期化していく過程で，当事者同士の感情的対立はエスカレートし，周囲の人々を疲弊させてしまいます。そのような長く苦しい戦いが終

わっても，果たしてその価値があるほど高い見返りが得られるわけでもなく，虚しさが残るだけなのです。

　たとえば離婚事件で，夫婦間で離婚や親権には合意ができているものの，監護親が面会交流をかたくなに拒んでいるために，他方の親も養育費で妥協を拒み，本来なら調停で終わるものが訴訟までいってしまうような場合があります。離婚や親権が明確に決まらないために，子どもにとって居所や経済面で不安定な状態が続き，夫婦にとっても，離婚して新しい人生をやり直す時間を何年間も無駄にしたに過ぎないかもしれません。

(3)　弁護士が抱く感情の難しさ

　難しい依頼者の事件が弁護士にとって大変なのは，上記のように事件遂行が難航して長期化するという客観的な側面だけではありません。むしろ弁護士がそれを難儀なものと感じるのは，難しい依頼者によって弁護士自身が様々な感情をかき立てられるからです。

　難しい依頼者との関係の中で，弁護士は，不安，恐れ，怒り，劣等感，恥ずかしさといったネガティブな感情をかき立てられることもあれば，依頼者への強い同情心，助けてあげたいという欲求，性的に魅了される気持ちを抑えられないなどの，一見するとポジティブな感情が湧きあがることもあります。いつもの自分とは違った感覚が生じ，弁護士としての自信や自尊心が揺らぐのです。

　多くの弁護士は，いわゆる高度な専門職として，優れた知識と判断力を依頼者に示すべきだと感じています。一般的にイメージされるのは，冷静な頭脳と温かい雰囲気を持つ人物像であり，柔和な笑みを浮かべているが，眼光はシャープ，といったところでしょうか。

　そのような弁護士像を維持するのは，普通の依頼者との関係でも決してたやすいことではありません。新たに事件の相談を持ちかけられたとき，「税法がらみの相談だな……税法はよく知らないな……事件をやったこともないし。とりあえず分かるところだけ答えて，あとで知り合いの税理士に確認してから回答するということにするか……私の経験不足だとばれないようにしなくては……」などと心の中で呟きながら，見た目だけは冷静

に振舞うことも少なくないでしょう。それもストレスであることは間違いありません。

　しかし難しい依頼者との関係では、そのようなストレス以上の強い感情的ストレスが生じます。難しい依頼者との関係のなかで様々な感情をかき立てられた弁護士は、冷静さや余裕の笑みを失い、有能な弁護士として行動できるという感覚を見失ってしまいがちなのです。

　難しい依頼者には、弁護士を否が応でも情緒的関係に巻き込み、弁護士自身の感情を強く刺激する、そのような性質があるのです。それは後述するように、パーソナリティ障害または偏ったパーソナリティの人との関係性の特徴から生まれます。

(4)　なぜ現在，難しい依頼者が問題となっているのか

　パーソナリティ障害の人が昔から存在していた以上、弁護士にとっての難しい依頼者も、昔から存在していたはずです。しかし私の知る限り、これまで難しい依頼者への対応という問題が法曹関係者によって正面から議論されることは、あまりなかったようです。

　実証的な調査研究が存在するわけではないのですが、この問題は、最近になってより重大さを増しており、それを正面から取り上げざるを得ない状況になっているように思われます。その背景には何があるのでしょうか。

　その理由として私は、近年の弁護士人口の増加が、関連しているのではないかと考えています。

　司法制度改革の中で法曹人口の大幅な増加が方針として打ち出されたのは、平成13年のことです（「司法制度改革審議会意見書―21世紀の日本を支える司法制度」）。それまでの年間の司法試験合格者は数百人程度でしたが、これを、年間3000人程度にまで増加することが目標とされました。その結果、弁護士人口は平成13年に1万8246人であったものが、平成26年には3万5113人になったのです（内閣官房法曹養成制度改革推進室「法曹人口調査報告書」平成27年4月20日）。わずか13年の間に弁護士人口が2倍以上に増えたことになります。

　短期間でこのように弁護士人口が大幅に増加したことで、弁護士の就業

状況にも少なからず変化がありました。同報告書によれば、司法修習終了直後の弁護士未登録者の数は平成19年ころから増加し、近年は毎年約550人程度も存在しており、また新規弁護士登録者のうち勤務弁護士は約76％ですが、いわゆる軒弁(ノキべン)が約7％、即独立が約4％もいたとのことです。また弁護士の1人当たりの取扱事件数は減少し、収入・所得も減少傾向にあるとのことです（上述の「法曹人口調査報告書」によれば、申告所得額500～1000万円未満のものが最多。1000万円以上が減少し、1000万円未満が増加している）。近年の弁護士を取り巻く環境は厳しくなっていると言わざるを得ません。

　私は20年以上前に司法修習を終えて弁護士登録をしましたが、当時、修習終了後に就職先が決まっていない同期は、特別な事情がある場合を除いてほとんどいませんでした。確か集合修習の同クラスに一人だけ就職を希望しない修習生がいましたが、彼は修習が終わると放浪の旅に出かけ、世界各地を遍歴して1年間過ごし、帰国後は地元に帰り、ほどなく法律事務所に就職したと聞いています。そんなことができたのは、多少の周り道をしても弁護士として就職できることに微塵も不安がなかったからでしょう。当時、軒弁、即独といった言葉は存在すらしていませんでした。修習を終えて弁護士として生きていくことは、自由業の危うさを必然的にはらむとはいえ、社会・経済的地位が一定程度は保証された道だったのです。

　しかし、そんな呑気な時代はもはや終焉を迎えました。弁護士人口の増加に伴い、弁護士の社会・経済的地位が以前に比べて相対的に低下したことは否定できません。ではその結果、依頼者との関係で何が起こったのでしょうか。

　私は、弁護士の地位が相対的に低下したことが、弁護士と依頼者との力関係のバランスの変化を帰結し、さらにそのことが、難しい依頼者の増加に関連しているのではないかと思っています。すなわち、弁護士の力が相対的に強く、権威者として無条件の尊敬を受けうるような立場にいた時代には、どんなパーソナリティの依頼者であれ、弁護士に対して従順な態度をとることが多かったと思われます。言葉を変えれば、弁護士と依頼者の役割構造が明確だったのです。しかし弁護士の地位が低下し、依頼者との力関係が前よりも対等に近くなってきた現在、依頼者と弁護士の役割は不

明確で曖昧なものになっています。これは基本的には，弁護士がより"身近な存在"となったというポジティブな評価をすべきことです。しかし，パーソナリティ障害の依頼者にとっては苦手な関係性なのです。

　弁護士との関係に限らず，パーソナリティ障害の人は役割構造が不明確・曖昧な対人関係に投げ込まれると，自分のなかのイメージを他者に投影しやすく，それをもとに疑惑や不安に陥りやすいという特徴を持っています。権威者である弁護士との間の明確な役割のある関係ではなく，家族や恋人や友人など身近な関係に近くなれば，パーソナリティ障害の依頼者は様々なイメージをそこに投影して，不安や怒りにかられたり，要求がましくなったりしやすくなります。つまり，その生来の難しい性格特徴を弁護士との関係でも発揮しやすくなるのです。いわゆるタガが外れた状態になり，以前であればごく普通の依頼者として振舞えた人々が，難しい依頼者に変貌してしまうのです。

　このようにして，弁護士が以前よりも身近な存在となった現在，結果的に難しい依頼者に弁護士が対応しなければならない場面が増えているのではないかと，私は考えています。

　多くの弁護士は，全ての依頼者に真摯に向き合い，依頼者の権利の実現を図ることを気概としていると思われます。それは「難しい依頼者」との間でも同じはずです。しかし，普通にやっていたのでは「難しい依頼者」との関係はうまくいかないのです。それでは弁護士は「難しい依頼者」とどう向き合っていけばよいのでしょうか。そのために，どのような知識と技能を身に着ければよいのでしょうか。

❷ 難しい依頼者とパーソナリティ障害

(1) パーソナリティ障害と難しい依頼者との関連性

　パーソナリティ障害とは精神医学上の概念ですが，弁護士が難しい依頼者と向き合い，うまく対応していくために，パーソナリティ障害の視点を導入することは非常に役に立つことと思われます。

パーソナリティ障害とは何かについては後に詳しく述べますが,『現代精神医学事典』(弘文堂, 2011) によれば, 次のように説明されます。

> 「パーソナリティ障害とは, 倫理観や品位といったその人の人格によくない何かがあるということではない。(中略) パーソナリティ障害が意味するのは単に, 外界との交流において柔軟性がなく不適応な様式が長年にわたって持続しているということに過ぎない。この不適応な様式は, その人の思考, 感情, 行動, そして何よりも対人関係に表れる。パーソナリティ障害を持つ人はしばしば, 他者との間で満足感を伴う互恵的で意味のある関係を持続的にもつことができない (後略)」

この説明のように, パーソナリティ障害の人は, 思考, 感情, 行動と対人関係について独特のスタイルを持っており, そのスタイルに固執しているため, 状況に合わせて柔軟に対応することができません。そのため, 対人関係でも相手に合わせつつ, 自分の主張もするといった, 柔軟な付き合い方ができず, しばしば他者と衝突することになります。

したがって, もし依頼者がパーソナリティ障害 (あるいはそれに近いパーソナリティ) だとすれば, 法的紛争の解決のために柔軟な判断や行動をすることができないため, 弁護士にとって事件の進行が難しくなったり, 弁護士との関係性が難しくなったりして, 弁護士の感情に苦痛をもたらすことになります。つまり, パーソナリティ障害という概念の中核が他者との関係での難しさであるため, その難しさが弁護士との間でも現れてくるのです。

とすれば逆に, 弁護士にとって「難しい依頼者」と感じる人たちがパーソナリティ障害 (あるいはそれに近いパーソナリティ) である可能性は, 一定程度あると思われます。そして,「難しい依頼者」をどう理解し, どう対応するかを考えるにあたって, パーソナリティ障害の理論をもとに考えていくことが役に立つと思われます。

そこで本書は,「難しい依頼者」がパーソナリティ障害 (あるいはそれに

近いパーソナリティ）である場合を想定し，パーソナリティ障害の中から特に法的紛争の中に登場する可能性が高いと思われる6つの類型を取り上げ，その特徴と対応法について論じます。

ただ，これには幾つか注意が必要です。それを次に述べたいと思います。

(2) パーソナリティ障害というスティグマにしてはならない

スティグマとは，もとはギリシャ語で奴隷や犯罪者の身体に焼き付けられた刻印のことを指しますが，現代では，個人に不名誉や屈辱を引き起こすようなレッテルを指します。

「難しい依頼者」をパーソナリティ障害の理論を用いて理解するにあたって最も避けなければならないことは，パーソナリティ障害が「難しい依頼者」へのスティグマになることです。

パーソナリティ障害は，シュナイダーの「精神病質人格」という概念を起源としています。シュナイダーは精神病質人格を「その人格の異常性を悩みとし，またその異常性によって利益社会が悩むような異常人格である」と定義しました（Schneider, 1949）。

「異常人格」というとネガティブな印象がありますが，実はシュナイダーは「異常人格」を「平均から偏っているもの」として定義しており，それ自体は価値的に中立的な概念です。たとえば知能について「極端に優れた知能」を「異常な知能」と表現するようなものです。そこにはネガティブな価値基準は含まれていません。

しかし「精神病質人格」の人が「異常人格」や「個人または社会が悩むもの」と定義づけられたことは，ネガティブな印象を招く結果となりました。

このようなシュナイダーの精神病質人格の概念を出発点としながらも，その後パーソナリティ障害の概念は本書で紹介するような様々な類型へと広がったのですが，やはりネガティブな意味あいで受け取られることが少なくありませんでした。

かつて日本ではパーソナリティ障害を「人格障害」と称していましたが，「人格」には道徳的なニュアンスが含まれるとの理由で，より中立的な言

葉である「パーソナリティ障害」と称されるようになったという経緯もあります。

このようにパーソナリティ障害という概念が，その歴史的な経緯においてスティグマとなりやすい傾向があったことは否めません。とすれば本書で筆者が，「『難しい依頼者』をパーソナリティ障害の理論を用いて理解することは役に立つ」と論じることによって，読者が難しい依頼者にパーソナリティ障害というスティグマを付与する危険性があるのではないかが，非常に危惧されるところです。

ここで改めて述べたいことは，本書は難しい依頼者を法的保護に値しないとして受任を避ける根拠とするために，あるいは難しい依頼者に窮している弁護士が，良い関係を築けなかったことの弁解を用意するために，パーソナリティ障害の理論を用いようとしているのではありません。

本書は，「難しい依頼者」を弁護士が積極的に引き受け，適切に対応することによって，「難しい依頼者」の権利を守っていくことを目的として，パーソナリティ障害の理論を用いた理解と対応法を伝えようとしています。

もしも「難しい依頼者」がパーソナリティ障害（あるいはそれに近いパーソナリティ）だとすれば，彼ら自身のパーソナリティの傾向から対人関係上のトラブルを起こしたり，法的紛争に巻き込まれやすい傾向があり，その中で彼ら自身が苦しんでいるし，周りも苦しんでいます。そこでの法的紛争の解決が必要なことは，全ての依頼者の場合と同じはずです。

法律の専門家が，その専門性をもって法的紛争の解決を援助するための前提には，依頼者との信頼関係を築くことが不可欠です。そこには，法的な専門性だけでなく，高度な対人関係技能が要求されます。そして難しい依頼者との間で信頼関係を築くために，弁護士が知る必要のある知識，身に着ける必要のある技能が，パーソナリティ障害の理論ではないかと考えています。

このことを前提にしつつ，記述の煩雑さを避けるため，以下においては，パーソナリティ障害と診断されている依頼者と，診断は受けていないが言動の特徴からパーソナリティ障害に近いパーソナリティだと思われる依頼者の両方を含めて「パーソナリティ障害の依頼者」という言葉を用います。

(3) 法的紛争の渦中の一般的心理状態

「難しい依頼者」は，感情の激しさや攻撃性，思考の極端さ，頑固さなどで特徴づけられます。しかし経験のある弁護士なら，「依頼者って，誰でもそうじゃないの？」と思われるかもしれません。パーソナリティ障害（あるいはそれに近いパーソナリティ）かどうかに限らず，依頼者はみな難しい心理状態にあるというのは，確かにそのとおりです。

法的紛争の中にいる依頼者は，法的紛争の渦中にいること自体から，一般的に生じる心理的な問題を抱えています。

法的紛争の当事者となったとき，多くの人が，相手方への怒りや，紛争のなりゆきについての不安を感じています。また，紛争の原因となる出来事の多くは，自分や身近な人物の身体や所有物などを，傷つけられたり失ったりすることに関連しています。そのため依頼者は，大切なものの喪失から生じる悲しみを抱えています。

これらの心理的問題は法的紛争に必然的に伴うものであり，依頼者の平常時の人柄が穏やかで安定していたとしても，法的紛争に巻き込まれる中で，人柄がかわったように感情の不安定さや攻撃性を表すことは珍しくありません。

このような心理状態は，ほぼすべての依頼者に多かれ少なかれ現れます。しかし多くの依頼者は，時間が経過して，調停や訴訟の手続が進むなどして解決が見えてくる過程で，次第に鎮静化していくものです。

他方，本書が想定している「難しい依頼者」は，まず当初の感情の激しさや思考の偏り，対人関係での不適切さなどが，特に激しく，常識を超えていると感じられるような依頼者を想定しています。また，事件の経過，時の経過を経ても，一向に依頼者が落ち着かず，同じような難しさを示しているような場合です。

したがって，受任当初に依頼者が感情的な激しさや極端な考え方を主張したとしても，その依頼者を「難しい依頼者」であり，さらに「パーソナリティ障害ではないか」などと即断せず，紛争当事者の一般的な心理状態である可能性を検討する必要があります。

(4) 難しさを生み出す様々な精神疾患

　上述のような紛争当事者の一般的な心理状態を超えている場合には，「難しい依頼者」とは言えますが，「難しい依頼者」のすべてがパーソナリティ障害やそれに類する問題を抱えているわけでもありません。

　たとえば，依頼者が統合失調症，躁うつ病などの精神疾患や，交通事故や脳梗塞などによる脳への器質的な損傷を負っている場合もあります。また，凶悪犯罪の被害者がその被害そのものによってPTSD（心的外傷後ストレス症候群）を発症し，事件の前とは異なったパーソナリティに見える場合もあります。

　このような疾患を負っている場合にも，様々な感情や思考の問題，対人関係上の困難を示すことがあります。それらの精神疾患の症状から生じる問題とパーソナリティ障害の問題が似たような現象として現れることも少なくありません。

　それらの精神疾患の影響なのか，パーソナリティの問題なのかを，精神科医でもない弁護士が判断することは，現実的に不可能です。また，どのような精神疾患の方でも，パーソナリティというのは全ての人にあるのですから，精神疾患に加えてパーソナリティの問題がある場合も少なくないと考えると，ますます問題は複雑です。実際的にどうすればよいのかについて，明確な指針を示すことは難しいと言えます。

　ただ，もし依頼者自身やご家族が依頼者の抱える精神疾患について話をされたならば，「依頼者の難しさは精神疾患の症状かもしれない」と理解することができるでしょう。精神疾患の症状から来る問題なら，薬物療法などの治療が奏功することで，顕著な変化が生じることがあります。そして，それらの精神疾患を持った方々への対応法については，それらの精神疾患についての文献をひもとくなどして，検討をするとよいでしょう。

　もし依頼者の精神疾患について何ら情報がない場合には，確たる方策があるわけではありません。しかし重要なことは，「難しい依頼者」であることの原因はパーソナリティ障害だけではなく，様々な精神疾患が背後にある可能性を常に念頭に置いておく必要があるということです。即座に判断せずに様々な可能性を同時並行的に想定しておくことは，依頼者への対

応を杓子定規にせず，その都度，柔軟に考えていく姿勢につながると思われます。

❸ パーソナリティ障害とは

(1) パーソナリティ障害とは

　パーソナリティ障害とは，思考のあり方，感情の表し方，そして行動パターンに著しい偏りがあるため，対人関係及び学業や職業などの社会生活に支障を来している状態を言います。

　パーソナリティは，日本語では「人格」と訳されるため，以前はパーソナリティ障害のことを人格障害と呼んでいました。しかし，人格には，人としての倫理観，道徳観，良心などの性質を含みこむニュアンスがあります。たとえば「彼は人格者だ」という言い方は，倫理観に優れた高潔な人柄を意味します。そのため，「人格障害」というと倫理観や良心に欠けているという意味あいで受け取られてしまうことがあります。そのような偏見を避けるため，現在ではパーソナリティ障害と呼ぶことが一般的です。パーソナリティ障害には，倫理的，道徳的に劣っているという意味は含まれておらず，あくまで平均的な状態からの偏りや逸脱があることを示しています。

　パーソナリティ障害は，シュナイダーの「精神病質人格」という概念を土台としており，その後，カーンバーグの「境界性パーソナリティ構造」やコフートの「自己愛パーソナリティ」という概念の提唱によって発展してきました。

　1980年，アメリカ精神医学会が「精神疾患の分類と診断の手引き　第3版」(Diagnostic and Statistical Manual of Mental Disorders Third Edition：DSM-Ⅲ) を作成し，その中で「パーソナリティ障害」を診断類型の1つとして掲げました。DSMはその後改訂が重ねられ，現在は第5版（DSM-5）が使用されています (American Psychiatric Association, 2013)。

　本書では，パーソナリティ障害とは何か，またその特徴について，

DSM-5におけるパーソナリティ障害の概念や分類に即して，論じます。

(2) パーソナリティとパーソナリティ障害

パーソナリティ障害について考える前提として，そもそもパーソナリティとは何なのでしょうか。

パーソナリティとは，日常用語では「性格」と言われるものです。たとえば「父は頑固で厳しかった」とか「母は優しくて思いやりがあった」などの表現に示されます。もっとも最近の家族像としては「父は穏やかで面倒見がよい」，「母は気が強く感情的だ」などと言うほうが，リアリティがあるかもしれません。

いずれにせよ私たちは日常的に，自分や他者のパーソナリティについてイメージを持ち，様々な言葉で表現しています。

① パーソナリティの定義

そのパーソナリティについて，様々な視点からのパーソナリティ理論が提唱され，発展してきました。研究者の数だけパーソナリティの定義があると言ってもよいでしょう。

ここでは，現代において広く受け入れられているパーヴィンの定義を挙げておきます (Pervin, 2003, 小塩, 2014)。

「パーソナリティとは，人の生活に方向性と（一貫した）パターンをもたらす認知，感情，行動の複雑な体制である。身体のように，パーソナリティは構造とプロセスをもち，氏（遺伝）と育ち（環境）の両方を反映する。さらに，パーソナリティは過去の影響や過去の記憶も含むものであり，同時に現在や未来の構造も含むものである」

この定義から，パーソナリティ障害の理解に役立つと考えられる，2つのポイントを挙げます。

第1に，パーソナリティはその人ごとの一貫したパターンであるということです。つまり，場所や状況が変わっても，年齢を重ねても，ある人のパーソナリティは同じ傾向を示すということです。たとえば，同窓会などで何十年ぶりかに会った友人について，ぱっと見ると誰だかわからないほ

ど見た目が変わっていても，話しているうちに，「中身は変わってないなぁ」という印象を持つことが多いのではないでしょうか。パーソナリティは生涯を通じてある程度一貫しており，あまり変化がないものです。

第2に，パーソナリティのあり方には，遺伝と環境の両方が影響するということです。これは，パーソナリティ障害の原因は何かという問題につながります。この点については，パーソナリティ障害の類型ごとに詳しく述べていきます（第Ⅱ部）。

② パーソナリティ理論の発展

パーソナリティの定義と，それを支える理論は上述のように研究者の数だけあると言えますが，研究の方法論によっていくつかの流れに分けることができます。その中から，パーソナリティ障害に特に関係が深いと思われる類型論，特性論，精神力動論を取り上げてみましょう。

a．類型論

パーソナリティについていくつかの類型（カテゴリー）を設け，その特徴を記述し，それぞれの人はいずれかの類型に該当すると考える方法があります。それを類型論と言います。たとえば血液型と性格について，「A型は几帳面で，B型はマイペースで……」と考えるやり方です。

古くは，古代ギリシャの医者であるヒポクラテスが，4種類の体液（血液，黄胆汁，黒胆汁，粘液）の混合によって異なる病気が発症するという四体液説を唱えたそうです（小塩，2014）。またドイツの精神医学者クレッチマーは，体格と性格が関連するとして，分裂気質とやせ型，循環気質と肥満型，粘着気質と闘士型が，それぞれ親和性があると論じました（二宮・子安，2006）。

これらの類型論には科学的根拠が見出せず，今では学問的には廃れていますが，ただ「循環気質」や「粘着気質」という言葉は，日常的に今でも流布しています。

DSM-5には，パーソナリティ障害の複数の類型の診断基準が掲げられています。「境界性パーソナリティ障害」，「自己愛性パーソナリティ障害」など，10個の類型があり，それぞれ，診断基準として特徴が記されて

います。DSM-5のこのようなパーソナリティ障害の記述は，類型論に基づいているものです。

b．特性論

　特性論は，パーソナリティを構成するいくつかの基本要素として「特性」を設け，それぞれの特性がどの程度強くみられるかという「量」を測り，その総和によってパーソナリティを見ていくものです。

　特性論は，ある人のパーソナリティを見る時に，ある特性が「有り」か「無し」かの二分法で考えるのではなく，「強い」か「弱い」かの量的なものと考えます。

　例えば「几帳面」という特性について，「とても几帳面」から「あまり几帳面ではない（要するに大雑把）」までの幅を考えます。

　さらに几帳面の特性が強い場合は，「極端に几帳面（細かい点まできちんとしていないと気が済まず，家族や部下を責める人など）」ということになります。すると「パーソナリティが著しく偏っている」ことになり，「強迫性パーソナリティ障害」と診断されるかもしれません。

　特性論の場合は，何を「特性」とするかが問題となります。アメリカの心理学者であるオルポートは，英語の辞書を調べてパーソナリティの特性を表す言葉を集めて整理し，18,000語を見出し，それを4つのカテゴリーに分類しました（Allport, 1961）。それぞれのカテゴリーについて，「どの程度当てはまるか」を判断していけば，その総体がパーソナリティということになります。

　特性論は，多くの特性を統計的手法により分類するという方法論の進化とともに進化し，キャッテルやアイゼンクを経て，現在はビッグ・ファイブといわれる5つの特性（因子）が，様々な研究や調査に利用されています。

　ビッグ・ファイブの5つの特性とは「神経症傾向」，「外向性」，「開放性」，「調和性」，「誠実性」です。これをアニメのキャラクターに当てはめてみましょう。「サザエさん」ならば，「神経症傾向」は低いけれど，その「外向性」は高そうです。しかし「のび太」ならば，「神経症傾向」「調和性」は高そうですが，「外向性」は低そうです。それを判断するために，

「サザエさん」や「のび太」自身に，多数の質問に答えてもらうことによって，これらの特性の程度を客観的に測定するのです。

ところでDSM-5に基づくパーソナリティ障害の診断は，上述のように類型論に基づくものであり，理論的には「パーソナリティ障害であるのか，ないのか」という二分法です。特性論を取り入れようとの試みはなされましたが（ディメンジョン・システム），診断基準にはまだ反映されていません（Frances, 2013）。

類型論によってパーソナリティを考えるのは，分かりやすいと言えば，分かりやすいものです。「彼ってB型だから，ほんとにマイペースなのよね」などと言えば，何か分かったような気になります。

しかし実際の人のパーソナリティを理解する際には，実は類型論だけでは捉えられません。几帳面な人とそうでない人に分けるための境界線は不明確です。「几帳面」という特性が，高い人と全くない人の間には，様々な程度の几帳面の人たちが連続体（スペクトラム）で存在しています。

本書の主題である「難しい依頼者」を理解するには，この連続体という考え方が役に立ちます。「難しい依頼者」が「パーソナリティ障害かどうか」（類型論／当てはまるか当てはまらないかの二分法）で考える必要はありません。ある「難しい依頼者」が例えば自己愛性パーソナリティ障害ではないかと思われるような場合に，「自己愛性パーソナリティ障害かどうか」（類型論）と考えるのではなく，「自己愛性パーソナリティの傾向が強いのではないか」という程度の問題（特性論）として考えるほうが，実際的な役に立つのです。なぜなら，弁護士にとって必要なことは，自己愛性パーソナリティ障害かどうかを「診断」することではなく，そのような特徴をもつ人に，適切な対応をすることだからです。

c．精神分析理論（精神力動医学）

まったく別の方向からのパーソナリティ理論として，フロイト（Sigmund Frued：1856-1939）の精神分析理論があります。

フロイトは，精神分析という方法による患者の治療を通じて，人の行動は意識だけではなく，むしろ無意識によって決定されていると考えました。そして無意識の働きを基盤にしたパーソナリティの構造や発達の理論であ

る精神分析理論を考案しました。

　精神分析に基づくパーソナリティ理論は，調査や統計的分析によって成立している類型論や特性論とは異なり，寝椅子と自由連想を用いた治療実践の中から生まれ（Frued, 1913），個々の症例を微細に観察，分析することから見出されて理論化されたものです。精神分析理論の流れの中で，コフートの自己愛性パーソナリティの理論や，カーンバーグの境界性パーソナリティの理論が生まれました。

　精神分析理論を踏まえた診断と治療を重視する精神医学を，精神力動医学と言います。

　精神分析理論や精神力動医学は，パーソナリティ障害の各類型の特徴や原因を同定すること，またその治療論において，現在でも重要な役割を果たしています。

　※パーソナリティ障害の概念の発展過程については，第Ⅲ部において詳しく解説されています。

(3)　DSM-5におけるパーソナリティ障害

　すでに述べたように，現在，国際的に用いられている精神疾患の診断基準の1つが，DSM-5です（その他に，世界保健機関（WHO）が作成した国際疾病分類（ICD-10）も広く用いられています）。

　DSM-5は，パーソナリティ障害の全般的判断基準を示したうえで，パーソナリティ障害を10種類の類型に分類しています。またそれら10種類の類型は，A群，B群，C群の3つのグループに分かれています（後述(4)）。

　パーソナリティ障害の一般的な特徴を，DSM-5におけるパーソナリティ障害の全般的診断基準に沿って述べると，次のとおりです。

①　認知（自分や他者，出来事をどのようにとらえるか），感情，対人関係，衝動のコントロールにおいて，一般に期待されるよりも著しく偏ったパターンを示していること

② その偏ったパターンは、少なくとも青年期や成人期早期（10代後半から20代前半くらい）までに始まり、その後、持続的にみられること
③ その偏ったパターンによって、本人が主観的に苦痛を感じているか、または社会生活などにおいて障害が生じていること

※DSM-5におけるパーソナリティ障害の診断基準についても、やはり第Ⅲ部に詳述されています。

(4) パーソナリティ障害の類型と法的紛争への関わり方

DSM-5では、10種類のパーソナリティ障害の類型を、その特徴によって3つの群に分けています。その3つの群の簡単な特徴は、以下のようなものです。

A群：奇妙で風変りな群（妄想性、スキゾイド、統合失調型）
B群：感情的かつ衝動的で周囲を巻き込みやすい群（反社会性、境界性、演技性、自己愛性）
C群：不安や恐怖心が強く、内向的な群（回避性、依存性、強迫性）

これら3つの群のなかでB群に分類されるパーソナリティ障害の類型が、弁護士が出会う難しい依頼者として扱われることが多いものです（Eddy, 2005, Gullette & Gullete, 2005）。B群に含まれるのは、反社会性パーソナリティ障害、境界性パーソナリティ障害、演技性パーソナリティ障害、自己愛性パーソナリティ障害の4つです。

A、B、Cの3つの群の特徴について、簡単に説明しておきましょう。

《A群》

A群は奇妙で風変りな特徴がありますが、そのうちスキゾイドや統合失調型のパーソナリティ障害は、他者と関係を持つことに怖れを抱いており、他者との現実的な折衝をあまり持たず、自分の内的世界にこもっていることが多いという特徴があります。そのため現実的な法的紛争に結びつくよ

うな対人接触はあまり見られません。

　ただ，妄想性パーソナリティ障害は事情が異なります。妄想性パーソナリティ障害は「疑い深さ」を特徴とし，他者にあらぬ疑いをかけてトラブルが生じることが少なくありません。妄想性パーソナリティ障害の特徴の1つとして「好訴的」であることが挙げられるほどです。

《B群》

　B群のパーソナリティ障害の類型は，対人関係において自分からアクティブに他者との関係を持とうとする傾向があります。たとえば反社会性パーソナリティ障害は，自分が何かの利益を得るために他者をコントロールして利用しようとします。演技性パーソナリティ障害は，他者の関心を惹き注目されるために，嘘を含めて様々なアピールをします。同様に境界性パーソナリティ障害や，自己愛性パーソナリティ障害も，他者との関係性のなかで自分の存在価値を見出す傾向があり，必然的に他者との関わりを求めます。そして彼らの関わり方は，形は違うものの，いずれも自己中心的に他者を巻き込んでいくあり方をとるのです。

　このようなB群のパーソナリティ障害の人は，原告としても被告としても争いごとを法廷に持ち込むことが多くみられます（Eddy, 2005）。すなわち原告としては，人生における出来事について不当に他者を非難するという形で他者を訴訟に引っ張りこみます。そして被告としては，対人関係における誤ったふるまいを他者からとがめられる形で，パーソナリティ障害の人が訴えられるのです。

《C群》

　C群に属する類型のパーソナリティ障害の人々は，B群とは違った意味で法的紛争の当事者となります。C群は，回避性パーソナリティ障害，依存性パーソナリティ障害，強迫性パーソナリティ障害を含みますが，これらの人々は対人関係を自ら積極的に持とうとする傾向があるわけではなく，むしろ受身的な性格です。しかし，その受身的な特質のゆえに，B群に属するパーソナリティ障害の人のパートナーになっていることがよくあるのです。

　たとえば，自己愛性パーソナリティ障害の夫が，依存性パーソナリティ

障害の妻に対してドメスティック・バイオレンス（DV）を繰り返している，という場合が典型的です。

　そのようにして，C群のパーソナリティ障害の人も人生の苦境に陥りやすく，やむにやまれず他者を訴えるということが起こります。

　パーソナリティ障害の類型の3つの群の特徴と，法的紛争への関わり方は，以上のようなものです。本書では，DSM-5のパーソナリティ障害の類型のうち，B群の4つと，A群から妄想性パーソナリティ障害，C群から依存性パーソナリティ障害の，合計6つの類型を取り上げて詳しく説明します。

❹ パーソナリティ障害の原因

　人のパーソナリティの発達は，生物学的要因（遺伝的要因）と環境的要因との相互作用の結果として理解されています。

　パーソナリティを形作る原因のうち生物学的な素質のことを「気質」と言います。気質の分類には多くの考え方がありますが，たとえば，敏感で神経質か，鈍感で無頓着かというのは，生まれながらの気質の部分が大きく，同じ環境に置かれた赤ん坊でも神経質であればよく泣き，無頓着なら泰然と寝ているといった違いがあります。

　他方，パーソナリティを形作る環境的要因としては，幼いころにどのような養育環境にいたのか，その後，学校生活や友人との関係でどのような影響を受けたのかということがあります。特に親との関係は大きな要因であり，子どもの気持ちをよく理解し，穏やかに働きかけることのできる親なのか，親自身が自分の感情にとらわれて子どもの気持ちを無視したり，あるいは身体的，精神的な虐待を行うような親なのかといった環境の違いも，パーソナリティに大きな影響を与えます。

　パーソナリティ障害の各類型が，どのような生物学的要因や環境的要因が影響して形成されるのかは，その類型によって異なります。また，かつ

ては，パーソナリティ障害の原因として，生物学的要因よりも環境的要因のほうが重大だと捉えられていましたが，次第に，生物学的要因，気質や神経生理学的特徴の要因についての実証的研究も積み重ねられており，それらの影響も重視されてきているようです。

COLUMN
認知の歪曲について

　認知とは，物事をどのように認識しているか，どう考えて解釈するかということです。パーソナリティ障害の人々は，自分とは何か，他者はどういう人物か，起こった出来事はどのような意味を持つか，といったことについての認知が現実に即しておらず，その人の内的世界を投影して歪曲されることがしばしば起こります。

　たとえば自己愛性パーソナリティ障害であれば，「私は人よりも優れた才能をもっている特別の存在である。だから他者は，私を賞賛したり尊敬したりすべきであるし，自分のやることは完璧なのだ」という基本的な信念をもっていて，世界をそのように認知しています。実際に彼らが人より多少優れた才能を持つことも多いのですが，実像にくらべて彼ら自身が持つ自己像は誇張されています。しかし，もし現実が彼らの歪曲された自己像に合わなかったとしても，その現実を認めようとはせず，自分の歪曲された認知によって行動するのです。

　たとえば，自分には経営の才覚があると信じているワンマン社長に対し，側近の社員が思いあまって，会社の経営不振について報告して改善を促そうと意見をしたとします。しかし，ワンマン社長は決して，自分の会社の経営にネガティブな要素があるとは信じません。仮に経営不振を認めたとしても，それは優れた経営者である自分の判断が間違っているのだとは決して思わないのです。それどころか，ワンマン社長はその社員の無能さを罵ったり，自分を批判して社長の地位を狙っているのだと邪推して，自分から遠ざけてしまうでしょう。「だからあいつは駄目なんだ。まったく先が見通せていない。俺の方針通りにやっていれば，必ず業績が上がるんだ」と罵ったり，「無能なくせに，社長になろうなんて，身の程知らずだ」とこき下ろしたりして，わがままな社長に忍耐強く仕えてきた側近社員を一夜にして解雇することもためらわないでしょう。

　そうやってワンマン社長は，本当は彼のために尽くしている側近社員を失い，孤立し，会社経営もより困難になっていくというように，パーソナリティのゆえに悪い状況に陥っていくのです。

　このような認知の歪曲は，修正が難しいものです。パーソナリティの柔軟性がないため，いかなる論理的反駁も跳ね返されるか，彼らの信念にそった認知構造のなかに歪曲して組み込まれることになりがちです。

第2章 難しい依頼者の見立て

1 関係性がこじれないための見立ての必要性

「難しい依頼者」がパーソナリティ障害，またはそれに近いパーソナリティであるとしたら，弁護士がなるべく早くそれに気づき，適切な対応を行うことが大切です。初動を誤ると関係性がこじれて，難しい依頼者がますます難しくなる可能性があるからです。

法的紛争は，どのような依頼者にとっても人生における大きな危機であり，先行きへの不安のなかで，誰かに味方になってもらいたい，自分を守ってほしい，という依存心をかき立てるものです。そして家族や友人，関係者に，自分の味方になってくれるように働きかけます。

その状況のなかで，弁護士は法的紛争の帰趨を握る重要人物です。そのため弁護士を，法律の専門家として頼るというだけでなく，やがて心理的にも頼るようになる可能性があります。

特にパーソナリティ障害の人は，問題がおきたときに自分が悪いのではなく他者に責任があると考える場合が多いと言えます。しかし，それが現実に即していない場合は，当然のことながら他者の側からの反論や反撃が生じます。そこで，パーソナリティ障害の人は自分を擁護してくれる存在，「あなたは悪くないですよ」と言って助けてくれる存在を求めます。それに最適な存在が，弁護士なのです（Eddy, 2005）。

弁護士は，彼らを全面的に代弁する立場にあり，彼らに有利な証拠を集め，法廷で弁護してくれます。パーソナリティ障害の人々にとって，弁護士は，自分を悪くないと信じるための重要な存在となるのです。

しかも，いったん弁護士が事件を委任して弁護士－依頼者関係に入るならば，弁護士はますます，依頼者にとって心理的に依存する対象となり，

依存したい気持ちと裏切られることが怖い気持ちとの葛藤が生じるなど，そこには複雑な心理的問題が生じます。そういった関係性が，パーソナリティ障害の依頼者をますます難しい存在にしてしまうのです。

弁護士－依頼者の関係に限らず，人間関係は一度こじれてしまうと，相互に疑心暗鬼となり，修復は非常に困難です。とすれば，受任した後，なるべく早い段階で「難しい依頼者」がパーソナリティ障害，あるいはそれに近いパーソナリティであると見立てて，適切に対応していくことが重要になってきます。

この章では，依頼者を「見立てる」ことの意味や，その具体的方法について述べていきます。

COLUMN

問題は他者にあると考える

パーソナリティ障害の類型のなかでも，DSM-5のB群に属する類型では，何らかの問題が生じたとき，それは自分の問題ではなく他者の問題だと考える傾向が強くみられます。ドメスティック・バイオレンス（DV）の加害者側が，配偶者に暴力をふるった理由として，「自分を怒らせたあいつが悪い」というような心境がそれです。

たとえば，境界性パーソナリティ障害の女性が，恋人に見捨てられることを恐れて，恋人に対して頻繁に連絡をとるように求めたり，自分から連絡したりしているうちに，恋人のほうは負担に感じ，少し距離をとりたいと言ったとします。恋人がそう言ったのは，女性自身の過剰なしがみつき，その根底にある恋人に見捨てられるのではないかという不安の強さのために恋人に心理的負担があったからかもしれず，女性自身の態度に原因があったのかもしれません。

しかし，境界性パーソナリティ障害の人であれば，その女性は恋人の態度を，「なんて冷たい人だろう。優しさのかけらもない。もしかしたら浮気をしているのかもしれない。こんな酷い人だったのだ」などと非難するかもしれません。恋人の態度の変化が，自分の側の態度に原因があるとは考えず，もっぱら恋人の冷酷な性格に問題があると考えるのです。

パーソナリティ障害についての知識の有用性

　当然のことですが，「見立てる」前提としての知識が必要です。それは，直接的にはパーソナリティ障害についての知識ですが，それに関連する精神医学や心理学の視点や考え方も，知っておくことが役に立つと思います。

　弁護士は，法律についての専門的知識と技能を用いて，困っている人を助ける対人援助職です。また弁護士は裁判官や検察官と異なり，確固たる組織に守られることもなく，依頼者との間で1対1の関係を築いて，その職務を行わなければなりません。

　このような弁護士の職務においては，高度な対人関係スキルが必要なはずです。ことにパーソナリティ障害や，それに近いパーソナリティの依頼者に相対するときには，さらに高度で専門的な対人理解の知識と，良好な関係を持つための技能を持たなければなりません。

　しかし多くの弁護士は，依頼者のパーソナリティや心理についての知識を学ぶ機会はなく，それぞれが自分なりに持っている素朴な性格理論と対処法を用いて，難しい依頼者に取り組んでいるように見えます。しかし，それは自分なりの理論でしかないため，自分の判断に自信を持つことは難しく，先々の見通しを立てるための拠り所も持てないものでしょう。

　パーソナリティ障害や，それに関連する心理学，精神医学的な知識を持つことは，弁護士が難しい依頼者の性格を理解し，その行動を分析し，適切に対応することに役立つはずです。

　ただ，その知識をどう使っていくのかについては，少し注意が必要です。

 パーソナリティ障害の「診断」の難しさ

　仮に様々な書物やセミナーでパーソナリティ障害についての知識を得て，それを弁護実務に生かそうとする場合，理想的には，「難しい依頼者」を「○○パーソナリティ障害だろう」とある程度の確信をもって見立て，それに沿って対応していきたいと思われるでしょう。そして，もしそのよう

なことが可能なら，弁護士が行う見立ては，精神科医が行う「診断」にも匹敵するようなものでなければならないでしょう。

　しかし実際のところ，弁護士がそれを行うのは相当難しいと思われます。なぜなら，そもそも精神科医にとってもパーソナリティ障害の診断は容易なことではないからです。

　精神科医が診断を行う過程は，一般的には次のようなものです。まず患者さんの初診にあたっては特別に長い時間枠を設けて，じっくり話を聞く医師が多いようです。30分から1時間程度の時間をかけることが一般的ではないでしょうか。このような精神科医の初診の方法は，例えば，インフルエンザの疑いで受診し，10分ほどの診察で発熱の経緯や体の症状を聴取し，インフルエンザの検査を行って診断をするという，内科での初診とは異なります。

　精神科の初診では，患者さんの訴える症状について尋ねるだけでなく，患者さんの病歴，生活歴，家族歴を聴取します。症状が出る以前の生活状況や家族との関係，本人の性格，症状が出現したきっかけや経過などが，診断にとって必要な情報だからです。また，精神的な症状の原因が身体疾患ではないかを確認し，血液検査をし，頭部の外傷や器質的変化を調べるためのCTやMRIによる検査も必要に応じて行います。さらに，心理士が実施する心理検査を診断の補助に用いる場合もしばしばあります。

　精神科医が心理士に心理検査を指示する場合の1つが，その患者さんがパーソナリティ障害ではないかと疑っているときです。医師は，心理検査のなかでも「人格検査」といわれる諸検査（MMPI，ロールシャッハテスト，描画テストなど）の結果を参考にして診断を行います。

　初診時に確定的な診断ができない場合は，薬物療法の効き方によって逆に病態を推測したり，ある程度の時間の経過の中で患者さんがどのような症状の変化や言動を見せるか等を観察して，最終的に診断を行います。

　このように，精神科医の診断は様々な過程を経て行うものであり，患者さんの特徴をDSM-5の基準にあてはめれば瞬時に診断ができるような単純なものではないというのが実際です。

　また前述のように，パーソナリティ障害とは，著しく偏った性格のため

社会的機能に障害を生じていたり，本人が苦痛を感じていたりする状態像です。人の性格は様々で，それぞれが特異的な特徴を持っていて，みなどこか偏っているといえば偏っています。その偏りを一直線上に並べていけば，あるポイントで閾値を越えてパーソナリティ障害になるのだという概念的説明はできますが，閾値がどこにあるのかという明確な量的基準や生物学的な検査は存在しません。「かなり偏った性格」といえる範囲にとどまるのか，パーソナリティ障害と診断を受けるレベルに達しているのかの明確な区別をつけることはきわめて微妙な判断なのです。精神科医は，それぞれの経験と知識に基づく直観によって，パーソナリティ障害と診断しますが，後にそれを修正することも少なくないと思われます。

パーソナリティ障害についての精神科診断がこのようなものであるとすれば，いかに弁護士が，パーソナリティ障害についての知識を本書や他の書物で身に付けたとしても，難しい依頼者がパーソナリティ障害なのかどうかについて，診断に匹敵するほどの「見立て」を持つことには相当の難しさがあるでしょう。

そうだとすれば，弁護士がパーソナリティ障害についての知識を得たとしても，何ら実際の役には立たないのではないかとの疑問も生じます。知識があっても見立てができなければ，無用の長物かもしれません。

しかし筆者は，パーソナリティ障害についての知識を持つことは，それ自体として弁護士の役に立つと考えています。では，具体的にどのように役立てていけばよいのか，次に述べたいと思います。

❹ 弁護士がパーソナリティ障害を「見立てる」ことの意味

(1) 理解によって得られる安心感

前述のように，難しい依頼者がパーソナリティ障害かどうか，どの類型のパーソナリティ障害かを，正確に見立てることはできないことが多いでしょう。しかし，難しい依頼者がパーソナリティ障害かもしれない，少なくともそれに近い特徴を持っているようだと理解すること自体に大きな効

果があります。

　すなわち,「難しい依頼者」の難しさが,パーソナリティ障害またはそれに近い偏ったパーソナリティから生じているようだと理解することだけで,弁護士は安堵し,冷静になれるという効用があるのです。

　米国で出版された難しい依頼者についての著作である「困難な依頼者－献身的な弁護士たち」("Difficult Clients -- Dedicated Attorneys")は,夫が弁護士で妻がサイコロジストというカップルの共著です(Gullette & Gullette, 2005)。著者たちは,その本を出版した理由として次のようなエピソードを述べています。

　ある時,弁護士である夫が,激しい感情をぶつけてくる依頼者に手こずっていたところ,サイコロジストである妻からのアドバイスによって依頼者の激しい感情の理由を理解したことで,自分自身の気持の混乱が減って,依頼者にもっと適切に応答できるようになったというのです(p.XVI)。

　難しい依頼者が,なぜ難しいのか,その心理状態はどういうものか,背景にある依頼者のパーソナリティの特徴やパーソナリティ障害の存在などについて,ある程度理解ができれば,それだけで弁護士は余裕をもって冷静に対応することができるはずです。その理解が,絶対的に正しくなくてもよいのです。弁護士がそのような気持ちの余裕を持てるようになることが大切であり,その点にこそパーソナリティ障害の知識を得ることの重要な意味があると思います。

(2)　依頼者のパーソナリティを吟味することの効用

　パーソナリティ障害の類型については,そもそも純粋に1つの類型に当てはまる方より,いくつかの特徴を兼ね備えている方々のほうが多いものです。パーソナリティ障害の類型ごとの特徴の重なり合いも少なくありません。ある人が,境界性パーソナリティ障害であると同時に依存性パーソナリティ障害であったり,反社会性パーソナリティ障害であると同時に自己愛性パーソナリティ障害だったりと,2つの類型を満たすこともあるのです。

　ですから弁護士として,その依頼者のパーソナリティ障害の類型を,

はっきり1つの類型として判別することは，そもそも難しいのですが，逆にいえば，「1つに決めなくてはいけない」と躍起になる必要もありません。その難しい依頼者が，パーソナリティ障害の様々な類型の，どのような特徴が該当するのかと考えてみて，「自己愛性のようでもあるし，境界性のようでもあるな」と吟味することでよいのです。

　弁護士として難しい依頼者の感情的な激しさに追い詰められていたとしても，このように複数の可能性を検討し，あれこれ吟味するという思考過程をとることによって，依頼者について客観的に，また多角的に考え，感情的な距離をとり，冷静に客観視することにつながると考えらえます。

　難しい依頼者の感情の嵐に巻き込まれているところから，一歩，距離をとることで，弁護士としての対応力が上がるはずです。

(3)　具体的対応法まで明確に分からなくても対応力は上がる

　後述するように，パーソナリティ障害の類型によって，適切な対応法にはバリエーションがあります。たとえば，自己愛性パーソナリティ障害の人には，丁寧な対応で相手を承認したほうが良いのですが，演技性パーソナリティ障害や境界性パーソナリティ障害の人には，むしろ淡々と素っ気なく接するほうが良いという違いがあります。できれば，そのように依頼者のパーソナリティの類型まで見立て，それに合った対応法をとることが望ましいことは確かです。

　ただ，まだそこまで見立てられない初期の段階でも，あれこれと依頼者の行動の背景にある心理状態を推測して理解することで，対応力が上がるということもあります。

　筆者自身も，臨床心理士として次のような経験をしたことがあります。
　カウンセリングを求めて心理相談室にやって来たのは，息子の家庭内暴力に悩む母親でした。母親として息子にどう対応して良いか分からないのでアドバイスが欲しいとのことでした。息子自身も精神科を受診しており，境界性パーソナリティ障害と診断されていました。ある回のカウンセリングで彼女は，些細なことで息子が怒り出したエピソードを話し，どうしてよいか分からないと涙を流しました。私はそのエピソードについて，「息

子さんに，親から自立したいのに自立できない焦りがあって，その焦りが刺激されたのではないでしょうか。お母さんへの怒りというより自分への苛立ちの表れかもしれないですね」と伝えました。すると母親はふっと顔をあげ，「どうしたら良いかは分からないけど，息子がなぜ荒れるのか分かった気がします」と安堵の表情を浮かべ，その次のカウンセリングでは，「今週もまた息子は荒れましたが，いつもより冷静に対処できた気がします」と話しました。

　私は息子の暴力を止めるための具体的助言をしたわけではなく，彼の心理状態を説明したに過ぎないのですが，母親は息子が荒れる気持を理解したことで，息子への恐怖心や，息子が荒れる原因は自分にあるのではないかという罪悪感から解放され，息子に対して冷静に対応できるようになったようでした。

　この例に示されるように，相手の激しい言動の背景の心理状態がどのようなものか理解することは，安堵感をもたらし，対応力を高めます。それは，弁護士が難しい依頼者に対応する際にも同じです。

　何度も述べているように，依頼者の言動の背景にある心理状態を，弁護士が明確に見抜くことは難しいでしょうが，パーソナリティ障害についての知識を持つことで，依頼者の心理状態についての推理力は格段に上がるはずです。

(4) パーソナリティ障害の理解が役立つ場合の例

　パーソナリティ障害の知識を持って依頼者に対応することが役立つ場合について，もう少し具体例を挙げてみましょう。

---

① 依頼者から弁護士が非難されたり，怒りをぶつけられたりした場合
　➡ ☒ 過剰な罪悪感に捉われる
　➡ ◎ 「依頼者のパーソナリティのために，このように非難しているのではないか」と考え，冷静に事態を分析する

---

② 依頼者が弁護士に依存的になり，様々な面で頼ってきた場合
　➡ ☒ 依頼者の要求に応えようとして疲弊する
　➡ ☐ 「依頼者のパーソナリティのゆえに，常識以上に弁護士に頼ってきているのではないか」と考え，依頼者の求めを断る
③ 依頼者が非合理な考え方や主張をしてきた場合（妄想的である，割りに合わないこだわりなど）
　➡ ☒ 困惑して対応不能になる
　➡ ☐ 「パーソナリティに何らかの理由があるのだろう」と考え，意思疎通の方法を工夫する

　これらの例のように，難しい依頼者について「パーソナリティ障害の可能性」を考えることができれば，弁護士として冷静になり，依頼者に感情的に巻き込まれて対処不能になっている状態から抜け出し，専門家として適切な対応を考える姿勢を取り戻すことができると思われます。
　とはいえ，このような場合に，できるだけ適確に難しい依頼者のパーソナリティを見立て，具体的に適切な対応をとることができれば，それに越したことはありません。難しい依頼者のパーソナリティを，どのように見立てればよいのかについて，更に述べていきたいと思います。

❺ 依頼者のパーソナリティの見立て方（アセスメント）

　依頼者のパーソナリティを見立てるために，弁護士として着目すべき点をいくつか提示したいと思います。見立てるために，依頼者についての様々な情報を収集することをアセスメントといいます。収集すべき情報─着目すべき点─には，依頼者の語る内容（言語的メッセージ）と語る態度（非言語的メッセージ）が含まれますし，弁護士自身がその依頼者に対して抱く直感的な印象や情緒のあり方（好き，嫌い，怖い，かわいそう，苛立ち，など）も大きなヒントになります。

(1) これまでの経歴の中のパターンに注目する

　前述したように，精神科の初診時には患者さんの生育歴，経歴を尋ねることが必須です。他方，弁護士は立場上，依頼者にあまり立ち入ったことを尋ねることはできません。しかし，さりげない世間話として機会をつくり経歴を聞いておくことは，その人のパーソナリティを見立てるのに役に立ちます。なぜなら，過去の行動パターンは，将来も繰り返される可能性が高く，それがその人のパーソナリティをよく表現しているからです。

　パターンへの着目ということでは，特にその人の対人関係のパターンについて意識しておくことが大切です。過去の対人関係で起こることも，やはり繰り返される傾向があるからです。そして，弁護士であるあなた自身との間の関係の中でも，過去の対人関係パターンが繰り返されると推測しておくことが必要です。その対人関係パターンの中に，パーソナリティの特徴がよく表れるのです。

　この点では特に他の専門職に対して，依頼者がどのような関係を持っているかを知ることが役に立ちます。たとえば，かかりつけの医師について依頼者が批判を口にするようなことがあれば，弁護士である自分も，いずれ同じことを言われる可能性が高いと言えます。

　また，たとえば転職を繰り返している場合には，なぜ転職するのか理由がわかれば，その人のパターンがわかります。上司とケンカをして辞めたり辞めさせられたりするのか，自信がなくて仕事が続けられないのか，理由は様々ですが，そこにその人のパターンが現れます。そのパターンは，受任した事件を進めていく際にも表れるかもしれません。

　上司とケンカしがちな依頼者は，調停委員や裁判官，そして弁護士であるあなたにも喰ってかかる可能性があります。自信のない依頼者は，当事者としての意思決定がなかなかできず，弁護士に依存的になってくる可能性があります。

　このように，依頼者の人生で繰り返されているパターンに着目し，それがどういうことなのか，パーソナリティ障害の類型と照らし合わせて考えてみることが，役に立ちます。

(2) 非言語的メッセージを感じ取る

依頼者が話している内容（言語的メッセージ）だけでなく，話している態度（非言語的メッセージ）にも着目することが大切です。

言葉遣いは丁寧で礼儀正しくても，どこか横柄な態度だったり（自己愛性パーソナリティ障害かもしれません），逆にオドオドと自信がなさそうだったり（依存性パーソナリティ障害かもしれません）しないでしょうか。

また，服装や持ち物はどうでしょうか。女性であれば，服装が整い，きちんとお化粧をしていることは，現実への適応力を示し，基本的にはポジティブなサインです。しかし，華美すぎたり，お化粧が濃すぎたりしていないでしょうか（演技性パーソナリティ障害かもしれません）。また，時によって服装や雰囲気がガラリと変わっていないでしょうか（境界性パーソナリティ障害かもしれません）。

感性を研ぎ澄ませて，依頼者から漂ってくるものをキャッチする必要があります。

(3) 紛争の渦中という状況ストレスの考慮

忘れてはいけないことは，たとえ，受任の最初の段階で，依頼者が感情的だったり，行動が奇異だったりしたとしても，まずは法的紛争の当事者であることゆえのストレス反応を考慮する必要があることです。法的紛争に巻き込まれている状況からくるストレスは相当のものですので，依頼者が示す態度から引き算して，依頼者の特徴を考える必要があります。

たとえば，交通事故で子どもを亡くした親御さんが，弁護士との相談の場面で涙が止まらなかったり，加害者への憤りを大きな声で延々と語ったりしても，それは親として当然の反応として理解できます。そのときは「感情的な人なんだろうか」という印象を抱いたとしても，訴訟の経過の中で落ち着いた態度を示す可能性は十分あります。

しかし，高齢の親が亡くなった後の遺産分割をめぐる争いの場合に，弁護士の前で依頼者が，きょうだいに対する罵詈雑言を大声で主張し続けたりするならば，そして，それが何回もくり返されるならば，それは法的紛争の影響より，依頼者のパーソナリティの特徴と考えた方がよいでしょう。

ケース・バイ・ケースではありますが，多くの場合，依頼者が強い感情を示したり，多少極端な行動をとったとしても，そこから「紛争の渦中という状況ストレス」を引き算することが必要だと思われます。

第 I 部：文献 （アルファベット順）

※ 第 I 部内で引用している個所については，下記太字部分にて省略して表示しています。

Allport, G.W. (**1961**). *Pattern and Growth in Personality*. New York: Holt, Rinehart and Winston. 今田恵（監訳）(1968). 人格心理学　上・下. 誠信書房.

American Psychiatric Association (**2013**). *Desk reference to the diagnostic criteria from DSM-5*. Washington, DC: American Psychiatric Association　日本精神神経学会（日本語版用語監修），髙橋三郎＝大野裕（監訳）(2014). DSM-5精神疾患の分類と診断の手引. 医学書院.

Eddy, B. (**2005**). *High conflict people in legal disputes*. HCI press.

Frances, A. (**2013**). *Essentials of psychiatric diagnosis: responding to the challenge of DSM-5*. The Guilford Press. 大野裕＝中川敦夫＝柳沢圭子（訳）(2014). 精神疾患診断のエッセンス：DSM-5の上手な使い方. 金剛出版.

Freud, S. (**1913**). *On beginning the treatment* (*Further recommendations on the Technique of psycho-analysis, I*), SE., 12, 123. 小澤和輝（訳）治療の開始について（精神分析技法に関するさらなる勧めⅠ）. 藤山直樹（編・監訳）坂井俊之＝鈴木菜実子（編・訳）(2014). フロイト技法論集. 岩崎学術出版社. 35-62.

Gullette, L. C. **& Gullette**, W. R. (**2005**). *Difficult clients dedicated attorneys: Practical psychology for effective in-the-trenches representation*. Bradford Publishing Company.

加藤聡＝神庭重信＝中谷陽二＝武田雅俊＝鹿島晴雄＝狩野力八郎＝市川宏伸（編）(2011). 現代精神医学事典. 弘文堂.

小塩真治 (2014). Progress & Application パーソナリティ心理学. サイエンス社.

内閣官房法曹養成制度改革推進室「法曹人口調査報告書（2015）」
http://www.cas.go.jp/jp/seisaku/hoso_kaikaku/pdf/2houkoku.pdf（2017年10月31日取得）

二宮克美＝子安増生（編）(2006). パーソナリティ心理学. 新曜社.

Pervin, A. L. (**2003**). *The science if personality: Second edition*. Oxford University Press.

Schneider, K. (**1949**). *Die Psychopathischen Persönlichkeiten, 9te Aufl*. 懸田克躬＝鰭崎轍（訳）(1954). 精神病質人格. みすず書房.

■参考文献 　　　　　　　　　　　　　　　　　　　　　　（アルファベット順）

林直樹（2005）．パーソナリティ障害―いかに捉え，いかに対応するか―．新興医学出版社．

林直樹（2002）．人格障害の臨床評価と治療．金剛出版．

牛島定信（2012）．パーソナリティ障害とは何か．講談社現代新書．

第Ⅱ部

パーソナリティ障害の類型と対応法

　第Ⅰ部では総論として，難しい依頼者を主にパーソナリティ障害という視点から理解することの意味や，見立ての方法を述べました。

　第Ⅱ部では各論として，6つのパーソナリティ障害の類型を取り上げ，その特徴や対応の基本原則を述べます。これら6つの類型は，法的紛争にもっとも登場しやすいと思われるパーソナリティ障害の類型です。また，事例を用いて，各類型の具体的なイメージをもっていただけるような説明を試みたいと思います。

　なお，各章に挙げる事例は，筆者が見聞きした複数の事例のエッセンスを合成した架空の事例です。

第 1 章　情緒不安定な当事者（境界性パーソナリティ障害）

 Introduction
▶▶▶ **情緒と対人関係の嵐に巻き込まれる**

　境界性パーソナリティ障害の人は，「安定した不安定さ」が特徴だと言われます。つまり，一貫して不安定だということです。些細なきっかけで，その気分は天国と地獄のような両極端を揺れ動きます。様々な要因が関係しますが，特に「他者から見捨てられる不安」がきっかけで，激しい不安と相手に対する怒りが湧き上がり，見捨てられまいとしがみつくか，衝動的に攻撃的な行動をとることが特徴です。ストーカーとなって相手を追いかけまわしたり，暴力的な行動に出たりすることで，相手から訴えられることがあります。また，見捨てられた相手への激しい怒りのあまり，自ら法的手段に訴えることもあるでしょう。

　依頼者が境界性パーソナリティ障害だとすれば，弁護士をもこのような情緒の嵐の中に巻き込むかもしれません。弁護士は，どうすればそのような嵐に巻き込まれないようにできるでしょうか。また，もし嵐に巻き込まれてしまったら，弁護士はどのように嵐を鎮めることができるのでしょうか。

境界性パーソナリティ障害の診断基準 [DSM-5]
(Borderline Personality Disorder)

対人関係，自己像，感情などの不安定性および著しい衝動性の広範な様式で，成人期早期までに始まり，種々の状況で明らかになる。以下のうち5つ（またはそれ以上）によって示される。

(1) 現実に，または想像の中で，見捨てられることを避けようとするなりふりかまわない努力（注：基準5で取り上げられる自殺行為または自傷行為はふくめないこと）
(2) 理想化とこき下ろしとの両極端を揺れ動くことによって特徴づけられる，不安定で激しい対人関係の様式
(3) 同一性の混乱：著明で持続的に不安定な自己像または自己意識
(4) 自己を傷つける可能性のある衝動性で，少なくとも2つの領域にわたるもの（例：浪費，性行為，物質乱用，無謀な運転，過食）（注：基準5で取り上げられる自殺行為または自傷行為は含めないこと）
(5) 自殺の行動，そぶり，脅し，または自傷行為の繰り返し
(6) 顕著な気分反応性による感情の不安定性（例：通常は2～3時間持続し，2～3日以上持続することはまれな，エピソード的に起こる強い不快気分，いらだたしさ，または不安）
(7) 慢性的な空虚感
(8) 不適切で激しい怒り，または怒りの制御の困難（例：しばしばかんしゃくを起こす，いつも怒っている，取っ組み合いの喧嘩を繰り返す）
(9) 一過性のストレス関連性の妄想様観念または重篤な解離症状

（日本精神神経学会（日本語版用語監修），髙橋三郎・大野裕（監訳）(2014). DSM-5 精神疾患の診断・統計マニュアル. p.654. 医学書院.）

❷ 境界性パーソナリティ障害の特徴

(1) 見捨てられ不安

　境界性パーソナリティ障害の人は，身近な他者から見捨てられるのではないかという強い不安を常に抱いています。身近にいる家族や友人，恋人

など，親しい関係になるほど，見捨てられる不安は一層強くなり，見捨てられまいとしがみつくような行動に出ます。たとえば，相手に見捨てられないように必死で機嫌をとろうとしたり，会っていない時間が不安で仕方がなく，頻繁にメールや電話をしてつながりを確認しようとしたりします。

そして，他者に少しでも冷たい態度，無関心な態度をとられたと感じると，見捨てられるのではないかという不安が掻き立てられ，見捨てられることへの怒りの感情や絶望感が沸き上がります。

さらに，その激しい感情に突き動かされて，衝動的に様々な行動に出るのです。

友人や恋人と離れているときに寂しさを感じるのは自然なことですが，多くの人は「3日後には会える」とか，「用事があれば電話をすればよい」など，離れていても相手の存在を感じ，つながりを信じて，寂しさに耐えることができます。しかし境界性パーソナリティ障害の人は，相手と離れた途端に，相手の存在感がとても希薄に感じられ，自分から遠く離れていってしまう感覚を抱き，見捨てられると感じてしまうのです。

(2) 両極端な考え・気持ち

境界性パーソナリティ障害のもう1つの特徴は，他者への見方が，良いから悪いへと極端に変化し，自分についての自己評価も，ポジティブとネガティブの間を両極端に揺れ動くということです。

他者と知り合ったばかりの時は，「こんなに素晴らしい人はいない」と極端に理想化するのですが，何か失望するようなことがあると，突然に見方が変わり，「なんて最低な人なのだ」と極端に価値下げをするのです。

また自分自身についても，自分を「善良で他者から好かれ，能力がある」など，ポジティブに感じているときと，「自分には何の取柄もなく，他者から疎んじられている」とネガティブに感じているときと，両極を揺れ動くのです。

現実的に考えれば，ほとんどの人間は極端に善でも，極端に悪でもありません。現実的なものの見方ができる人にとっては，どんな相手にも良い面と悪い面があり，時と場合によって相手に対して様々な感情を抱くと理

解できます。だからこそ，特定の相手との親密な関係を長期間にわたって続けることができます。しかし境界性パーソナリティ障害の人は，そのような現実的で中庸な見方ができず，極端に良いか極端に悪いかで常に他者の見方が揺れ動いてしまうため，他者との安定した関係を築くことができないのです。

(3) 衝動的な問題行動

境界性パーソナリティ障害の人は，不安や悲しみを感じたり，怒りを感じたりしたとき，それについて考えをめぐらせ，悩み，解決策を検討するのではなく，不安に駆られて直ちに衝動的な行動に出るという特徴もあります。

衝動的な行動は，暴言や暴力など他者への攻撃として現れることもあります。また，過度な飲酒，相手を問わない乱脈な性行為，買い物による浪費，薬物（睡眠薬，風邪薬の場合も，覚せい剤などの違法薬物の場合もあります）の摂取，食べ物を一度に大量に食べる過食など，自分に対して破壊的な影響を与える行為もあります。また，リストカット（手首などにカッターなどで浅い傷をつけること）や根性焼き（たばこの火を腕に押しつけ，火傷跡をいくつも作ること）などの自傷行為を行ったり，多量の服薬や深くリストカットするなどの方法で自殺を試みることも珍しくありません。

❸ 境界性パーソナリティ障害の原因

境界性パーソナリティ障害の原因としては，遺伝的な要因よりも環境的な要因のほうが重大な影響を与えていると考えられています。

ただ，いくつかの生物学的な特徴があるということを示す研究もあります。

(1) 生物学的要因 〜うつ病との関連性

境界性パーソナリティ障害は，うつ病（気分障害）と合併しやすいと言

われています。境界性パーソナリティ障害の人の家族にうつ病が多いことからも，遺伝的にうつ病に罹患しやすい生物学的特徴を持っている可能性が示唆されています。

　うつ病との併合が多いことから，境界性パーソナリティ障害に人が自傷行為や自殺企図などが起こしやすいのは，うつ病の症状であると考えることもできます。

　同時に，うつ病に関連する脳内神経物質のセロトニンが，境界性パーソナリティ障害の人の場合はうまく機能していないとも言われています。セロトニンは衝動性を抑える働きをしていることから，境界性パーソナリティ障害の人が衝動的な行動をするのは，セロトニンの機能不全ではないかとも考えられています。

(2) 環境的要因　～被養育体験

　見捨てられ不安が強いことについては，幼いころの養育者との関係が影響していると言われます。

　この点について精神力動論からいくつかの説明がなされていますが，たとえば境界性パーソナリティ障害の人は，成長過程で母親（主たる養育者）から精神的に分離して自立することができていないからだと言われます。およそ２，３歳の幼い子どもは，少しずつ母親から離れて自分の興味に従って探索するようになり，母親から分離して行動することを試みます。しかし同時に，まだ母親から離れると不安になる気持ちもあります。この過程で母親が十分に精神的な支えとなり，自立を喜ぶならば，子どもは次第に母親から安心して自立し，自由に世界とかかわることができるようになります。しかしこの時に母親自身が子どもの自立を不安で寂しく思っていると，子ども自身が自立に過度の不安を抱くようになります。

　境界性パーソナリティ障害の人は，このように母親からの分離と自立をはかる過程がうまくいかなかったために，いつまでも母親（またはそれに代わる親密な関係の人物）にしがみついていると考えられるのです。

　他方で，幼いころに大きなトラウマ，たとえば親との死別や，両親の離婚，親からの無視や拒絶，身体的・性的虐待などがある場合には，青年期

や成人期に境界性パーソナリティ障害が発生する可能性が高くなると考えられます。

ただ，すべての境界性パーソナリティ障害の人が，虐待されていたり，養育者から情緒的に無視されていたりといった経験をしているわけではなく，一般的な養育を受けている人も多いとも言われています。

つまり，境界性パーソナリティ障害の原因は複雑に絡み合っており，1つの要因だけが影響しているのではなく，様々な形成過程があると考えるべきだといわれています（Gabbard, 1994）。

事例　激情にかられたストーカー事件

出会い

佐藤弁護士（40代，男性）は，所属弁護士会からの紹介で，M美さん（26歳，女性，アルバイト）が起こした器物損壊事件の示談交渉を受任することになった。

初めての面談の日，母親と一緒に事務所を訪れたM美さんは，清楚な服装に礼儀正しい印象で，佐藤弁護士はあらかじめ聞いていた事件の概要から想像される印象とのギャップに驚いた。母親もまた，しっかりとした常識のある振る舞いだった。

被害者からの告訴によれば，M美さんは元恋人である20代男性の洋介さんの所有する高級外車の車体やガラスに，駐車場においてあった消火器で多数の傷をつけ，200万円の損害を与えたというものだった。激怒した洋介さんがM美さんを告訴し，M美さんは警察や検察庁に呼ばれて在宅の取り調べを受けていた。

M美さんの取り調べにあたった検察官に「被害者と示談ができなければ起訴は避けられない」と言われたが，洋介さんは既に弁護士をつけており，弁護士を通じてしか連絡ができなくなっていた。そこでM美さんの母親が弁護士会に相談して佐藤弁護士を紹介されたのだった。

佐藤弁護士は，清楚なM美さんがそのような事件を起こしたことをいぶかしく思い，理由を尋ねたところ，M美さんは「1年前から洋介

さんと付き合っていたのですが，3か月前に洋介さんから別れを切り出されたんです」と話し始めた。洋介さんは中小企業の社長の息子で，裕福なお坊ちゃん育ちの青年だという。大学を卒業して，いずれ家業を継ぐつもりだが，今は別の会社に勤めているという。M美さんは優しくて好青年の洋介さんに，これまで付き合った男性とは違う安らぎを感じ，結婚したいと思って付き合っていた。しかし妊娠したことを洋介さんに告げると，思いがけず冷たい態度で中絶を迫られ，仕方なく中絶し，その後に別れを切り出されたのだと涙ぐんだ。

　佐藤弁護士は，M美さんにも同情すべき事情のある事件だと思い，「あなたも大変でしたね。洋介さんとの示談を成立させて，告訴を取り下げてもらうようにしましょう」と伝えると，M美さんは，「ありがとうございます。先生のような弁護士さんに出会えてよかった」と感激したように言った。佐藤弁護士は，「私でよければ，できる限り力になりますよ」と応じた。

　佐藤弁護士はさっそく洋介さんへの示談金について，「実際の修理費用が200万円だということで，200万円に加えてさらに慰謝料を請求される可能性がありますが，どの程度なら支払えますか」と尋ねると，M美さんは答えずに母親を見た。母親は，「200万円でも私どもでは，ぎりぎりの金額です……」と困ったような表情だった。M美さんには貯金はないということだった。佐藤弁護士は200万円で示談は難しいと思ったが，まずはそこから交渉を始めるしかないと考えた。

弁護士の困りどころ

　初対面のM美さんはとても好印象で，情緒不安定なところや衝動的な様子は見受けられないようです。この段階で，佐藤弁護士にはその後の展開を予測して，対応を考えておくことなど想像すらできないようです。

▶▶▶望ましい対応

　境界性パーソナリティ障害の人は，衝動性，激しい行動を表すのは親し

い関係になってからであり，初対面での印象は好ましいことが多いと言われます。気分や考えが両極端に揺れるので，良いときは自他に対してポジティブな感情を抱き，他者にも良い印象を与えます。

しかし，M美さんの被疑事実の行為態様をみれば，M美さんがかなり激しい感情や衝動性を秘めていることがうかがわれます。さすがに佐藤弁護士も行為態様をいぶかしく思い，そんなことをした理由を尋ねていますが，M美さんの説明を聞いて，苦しい事情があったのだろうと納得してしまいました。M美さんの外見的な印象の良さも手伝って，佐藤弁護士はそのように考えてしまったのでしょう。しかし，車体を消火器で傷つけるという行動は，並大抵のことではありません。

ここで注目すべきことは，会ったときのM美さんの印象と，被疑事実にみられるM美さんの激しい行動のギャップでしょう。初対面のときの好印象と，衝動的・感情的な行為態様のギャップは，境界性パーソナリティの人の両極端に揺れ動く心性をよく表しています。佐藤弁護士が最初に感じた「違和感」に着目すれば，好印象の裏側にあるM美さんのパーソナリティへの気づきがあったかもしれません。

示談交渉

佐藤弁護士は洋介さんとの示談交渉を進めるために，洋介さんの弁護士に連絡して面談の約束を取り付けた。面談の日には，弁護士とともに洋介さん本人と洋介さんの父親も現れた。M美さんから聞いていたように，洋介さんは素材のよさそうなブレザーや高級腕時計を身に着け，いかにも裕福な様子だが，どちらかというと大人しく気弱な印象だった。しかし洋介さんの父親は押しが強い人物で，洋介さん名義の外車を実際に購入したのは父親であり，弁護士を頼んだのも父親のようだった。

洋介さんの父親は開口一番，「うちの息子は，彼女にストーカーされていて，かなり怖い思いをしていたようなんです。まったく非常識な人ですよ。示談するのはよいが，もう二度と息子に会わないでもら

いたい」と話した。

　洋介さんによれば，洋介さんはM美さんの性格に振り回されることが多く，父親から交際を反対されていたこともあり，M美さんと別れようとしたという。しかし洋介さんと別れることに納得できなかったM美さんは，翌日から洋介さんに頻繁にメールや電話をし，洋介さんが着信拒否するとM美さんは洋介さんが一人暮らしをしているマンションの前で洋介さんの出入りを待ち，別れる理由を問いただしたり，「絶対別れないから」など大声を出したりしていた。

　しかし洋介さんがM美さんを避けて逃げ回ることが続いていたので，M美さんはある晩，洋介さんのマンションのそばで洋介さんの帰宅を待ち伏せしていたのだが，洋介さんはなかなか帰宅しなかった。苛立ったM美さんは衝動的に，駐車場の隅にあった消火器を使って洋介さん所有の高級外車の窓ガラスを割ったとのことだった。駐車場の防犯カメラに映る姿から，犯人がM美さんだと判明したのだという。

　佐藤弁護士は内心，「ずいぶん一方的な話だな。妊娠のことはどう考えているのだろう」と思い，「M美さんが妊娠して中絶したと聞きましたが」と話を振ると，洋介さんは「妊娠したといっても，別の男性の子どもかもしれません。M美は僕以外の男性とも時々関係をもっていました。私の仕事が忙しくなると，他の男性と会ったりしていました。それで修羅場になり，私も疲れてしまって，別れることにしたんです」と話した。それは嘘とも感じられず，佐藤弁護士はM美さんから聞いた話とのギャップに驚きを感じるとともに，示談交渉でこれ以上そこを追及することは難しそうだと思った。洋介さんの父親は，「まったくひどい女でしょ。先生もそう思われますでしょう」と言い添えた。

　佐藤弁護士から示談金として200万円の実損の賠償をしたいと提案すると，洋介さんの弁護士は「慰謝料も含めて300万円は譲れないです」と応じた。しかしそばで聞いていた洋介さんの父親は，弁護士を制して，「彼女と息子の縁が切れればいいんです。200万でいいです。その代わり，二度と息子に近づかないと約束させてください」と言っ

た。洋介さんの弁護士は,「それでは示談書の中に,二度と洋介さんにストーカー行為をしないという条項を入れるということでお願いします」と話をまとめた。

豹　変

　佐藤弁護士は示談内容について相談するため,M美さんと母親に事務所にきてもらった。この日のM美さんは,色あせたジーンズに,ジャージ素材のパーカーというラフな服装で化粧もしておらず,佐藤弁護士は一瞬,別人と見間違えるほどだった。心なしか母親は不機嫌そうだった。

　佐藤弁護士から,洋介さん側との交渉で,当初は300万円といわれた示談金を200万円に下げたこと,そのかわり示談書に洋介さん側の希望する条項として「洋介さんに会いに行かないこと」を入れる必要があると説明した。

　示談金額が下がったことでM美さんは,「先生のおかげです。ありがとうございます」と嬉しそうな様子だった。しかし母親はうんざりした表情で,「200万円ですか。この子にはそんなお金はないので,私が払うしかないのはわかっていますが,これまでも自殺未遂で病院に運ばれたり,この子には,迷惑のかけられどおしで……」と愚痴っぽくつぶやいた。するとM美さんは突然立ち上がり,「こんな娘に育てたあんたが悪いんでしょう。だったら産まなければよかったじゃない。あんたのせいで私はまともに生きられないんだから,200万円くらい出しなさいよ」と母親を罵った。佐藤弁護士は突然のM美さんの態度に驚き,体がこわばるのを感じた。しかし,なんとか2人をなだめなければという思いと,示談をまとめたい思いが重なり,母親に対して「お母さんにはご苦労をかけますが,M美さんのためにも示談金を払って告訴を取り下げてもらったほうがよいと思います」と説得するように話しかけた。それ以上2人は言い争うこともなく,母親が200万円を用意することになった。

第1章　情緒不安定な当事者（境界性パーソナリティ障害）

弁護士の困りどころ

　佐藤弁護士は洋介さんの話からM美さんの性格の別の面を見ることになりました。また，二度目の打合せで会ったM美さんは，初対面のときとは服装も表情も別人のようでした。
　そしてM美さんの行動は，初対面のときの抑制のきいた大人びた態度から，母親を怒鳴りつける攻撃的な態度に変化し，佐藤弁護士は思いがけない展開に驚愕してしまいました。
　佐藤弁護士は，M美さんの行動を予測できず，後手後手に回っているようです。

▶▶▶望ましい対応

　境界性パーソナリティ障害の人は，気分が高揚しているときには化粧や服装にも気を使って着飾っているのに，気分が落ち込んでいるときには化粧もせずにだらしない服装をしているなど，気分によって印象がガラリと変わります。また，対人関係における態度も，両極端に変化することはこれまで述べたとおりです。
　洋介さんの語るM美さんの激しい行動（ストーカー行為，性的乱脈）も，それまでのM美さんの清楚な印象とのギャップが大きいものです。また，M美さんの母親に対する怒りも，思いがけないものでした。
　佐藤弁護士は，M美さんの性格や行動パターンについて，ここまででかなりの情報を得ました。次に考えるべきことは，「M美さんは，弁護士である私に対しても，同じような行動をとるかもしれない」ということです。少なくとも，この時点から，M美さんが弁護士との関係では衝動的な行動に出ないように配慮していく必要があります。
　そのために，具体的にどうすればよいか，事例の続きに沿って見ていきましょう。

理想化された弁護士

　その後しばらくしてM美さんから長いメールが送られてきた。それには，母親に怒鳴って醜態をさらしてしまったということへの謝罪と，佐藤弁護士だけが頼りなのだと書かれていた。佐藤弁護士は「あなたのお辛かった気持ちは，よくわかりました。これまで，大変だったのですね」と，M美さんの気持ちを汲んだ返信を書いた。するとそれから，ほとんど毎日のようにM美さんから佐藤弁護士に長いメールが送られてきた。

　メールの内容は，「子どもころ，父親から暴力を振るわれて虐待されていた」，「両親が離婚してからは，母親は仕事で家にいなくて寂しかった」，「洋介さんは，私の寂しさをわかってくれる唯一の人だった」など，M美さんが「これまで誰にも言えなかった気持ち」だとのことだった。

　当初は好奇心も手伝い，またM美さんを気の毒に思う気持ちも湧き，佐藤弁護士はメールを読んで，返信を返していたのだが，毎日のように送られてくる長いメールを次第に負担に感じるようになり，やがてM美さんからのメールを開くのが嫌になってきた。しかし返事を返さないと翌日にはまたメールがきて「先生，お忙しいのでしょうか」などと書いてあるため，ますます，うんざりする気持ちになっていった。

　そのうちにM美さんが，「本当に200万円で示談してよいのか迷っています。洋介さんと会って謝りたい……」と書いてくるようになった。佐藤弁護士は，「そんな余計なことをして，せっかくの示談がまとまらなくなるとまずい」と考えた。M美さんに電話をして，「会ってお話ししたほうが良いですね」と伝えると，M美さんは「パニック発作が出るので電車に乗れないのです。家の近くまで来ていただけないでしょうか」と頼まれ，佐藤弁護士はM美さんの自宅近くのカフェで会って相談することになった。

　約束の日，M美さんは先にカフェに来ており，「今日も具合が悪いです」と言っていたが，この日は気を遣った様子の服装で，お化粧も

第1章　情緒不安定な当事者（境界性パーソナリティ障害）

きちんとしていた。母親は仕事があるとのことで，一緒に来なかった。
　佐藤弁護士は，「洋介さんにどうしても一度会って謝りたい」というM美さんに対して，「示談交渉の過程で直接会うと，話がこじれます。特に今回のような恋愛関係による事件だと，相手も感情的になるので，やめたほうがよいでしょう」と説明したが，なかなかM美さんは納得せずに堂々巡りが続いた。気が付くと2時間ほどもカフェで話していた。
　M美さんはようやく，洋介さんに謝罪したいと言わなくなり，「先生の言うとおりにします」とどこか嬉し気に言った。佐藤弁護士は「やれやれ」という気持ちでM美さんと別れた。

弁護士の困りどころ

　M美さんは佐藤弁護士を，自分のことを理解して受け入れてくれる優しい弁護士なのだと理想化し，依存的になっています。M美さんから打ち明け話のような長いメールが何度も送られてきて，佐藤弁護士は次第に面倒になってきたようです。さらにM美さんが，自宅近くまで会いに来てほしいと言ってきました。佐藤弁護士はそれにも応じ，カフェで会うことになりました。ただの弁護士－依頼者の関係から，少し踏み越えているようで，佐藤弁護士は困惑しています。

▶▶▶望ましい対応

　M美さんは佐藤弁護士を理想化していますが，具体的には，佐藤弁護士を，M美さんの気持ちまで理解して受け入れてくれる恋人や友人のように感じています。依頼者から頼られ，慕われるのは良いことようにも見えますが，それは大きなリスクをはらんでいます。
　境界性パーソナリティ障害の依頼者との関係に限らず，パーソナリティ障害の人との関係では，「役割の境界線を明確にしておく」ということが非常に大切です。佐藤弁護士は，M美さんのカウンセラーでもなければ，友人でも恋人でもありません。もちろん，佐藤弁護士もそれは分かってい

ますが、M美さんのペースに巻きこまれる形で始まった、M美さんの生い立ちについてのメールのやり取りは、弁護士としての役割を超えています。またM美さんの家の近くのカフェで長時間会うというのも、些細なことのようですが、弁護士が自分のパーソナルな生活空間に入ってきてくれたという感覚を生じさせ、依頼者が非現実的な期待を抱く原因となります。非現実的に弁護士を理想化してしまうのです。

役割の境界線をどこに引くかは難しいところですが、境界性パーソナリティ障害の人に対しては、基本的に淡々とした素っ気ない態度をとるほうが安全だと考えらえています。「木で鼻を括る」ような態度がよいと言われているのです。

「冷たすぎる」と感じられたとしても、それくらいの距離感で淡々と付き合うほうが、安定した関係でいることができます。最初から弁護士との情緒的な交流を期待されないほうが、安定した長続きする関係を維持することができるのです。

ですから佐藤弁護士は、M美さんからの長いメールに対しても、短い事務的な返信を返したほうが良かったでしょう。また、M美さんの要求に応じて家の近くまで行くべきではなく、電話で話すなどの代替手段をとるほうが、適切だったと言えます。

依頼者に対して素っ気ない態度をとることは、弁護士にとって多少の勇気がいることですが、そのほうが長い目でみれば依頼者をより良く援助することにつながるのです。

示談書

母親が示談金200万円を用意してくれることになり、洋介さんの弁護士が作成した示談書のドラフトが送られてきた。示談書は、第1条には前提として、「甲（M美）は乙（洋介）に対し、つきまとい行為を行ったことを認め、謝罪する」という条項が入っており、第2条以降に「乙に近づかない」、「乙を待ち伏せしない」、「乙にメールを送らない。電話をしない」、「乙の住居地である港区内に行かない」などの

第1章　情緒不安定な当事者（境界性パーソナリティ障害）

様々な行動を制限する条項が置かれていた。佐藤弁護士はそれで特に問題はないと判断し，M美さんの確認を取ることにした。

　M美さんに示談書案を説明するために事務所に来てもらったが，その日は母親の都合がつかずM美さん1人だった。佐藤弁護士から手渡された示談書に目を通す途中，M美さんは突然表情を変え，「ひどい，私はつきまといなんてしていません」と叫んだ。佐藤弁護士はあわてて，「つきまといというのは法律用語で……ただ，洋介さんと今後会わないことを約束しないと，示談ができないと思いますよ。起訴されることを考えたら，この条項で合意するのがあなたにとって良いと思います」と説明した。

　しかし，佐藤弁護士がそれを言っている間に，M美さんは声を上げて泣き始めた。嗚咽の間にM美さんは，「別れる理由なんてなかったんです……少し経てば彼の気がかわると思っていたのに……彼の子を産みたかったのに，ひどい。つきまとったから謝罪しろというなら，中絶させられたことも謝ってほしいです」などと言っていた。佐藤弁護士はM美さんの泣きじゃくる様子にひどく困惑し，ティッシュの箱を差し出しながら，「書面にするときつくなりますが，洋介さんが本当に付きまとわれたとか，あなたがストーカーだとか，考えているわけじゃないと思いますよ」と声をかけていた。

　佐藤弁護士が必死でなだめたことで，なんとか泣き止んだM美さんは，「洋介さんと直接話したら，私がストーカーじゃなくて彼のことが本当に大切だったからだと，わかってくれるんじゃないでしょうか」と必死の面持ちで尋ねた。

　佐藤弁護士は"この間も，洋介さんに会っては元も子もないと説得したばかりなのに，またか……"と次第に苛立ってきて，"いくら話してもキリがない。ここは無理にでも納得してもらわなければ"という気持ちになり，「とにかく，洋介さんと直接会うということは，あなたにとってマイナスにしかなりません。私にはそれしか言えません。」と言って話を切り上げようとした。

　M美さんはしばらく俯いて黙っていたが，きっと顔を上げ，硬い表

情で,「弁護士なんて,何の役にも立たないですね」と言い,それきり,押し黙った。佐藤弁護士も呆然としてしばらく口を開けなかったが,腹立たしい気持ちを何とか抑えて,「とにかく,示談を成立させるためには,一切,洋介さんに連絡したり,会ったり,しないでくださいね」と念押しし,その場は別れた。M美さんの表情は,硬いままだった。

　M美さんを事務所の出口で送り出したときには,佐藤弁護士はどっと疲れを感じていた。

　ところがその晩,M美さんは洋介さんのマンションに行き,インターフォンを鳴らした。在宅していた洋介さんは,モニターに映ったM美さんをみてドアを開けなかったが,ストーカー行為だとしてすぐに警察に通報し,警察から佐藤弁護士に連絡が入った。佐藤弁護士は警察に,「すぐに事情を確認します」と謝罪しながら,さすがにM美さんへの怒りがわいてくるのを抑えられなかった。

　警察からの電話を切るとすぐに,佐藤弁護士はM美さんに電話をし,「洋介さんに会ってはいけないと,何度も言いましたよね。示談を壊したいんですか。これ以上,こんなことをされたら,私はあなたの代理人はできません」と強い口調で言うと,M美さんは,「助けてくれるとか言って,結局男は男の味方なんですね。弁護士っていっても,所詮自己満足でやっているんでしょ。ちゃんとお金も払って弁護を頼んでいるのに,ひどい！　裏切り者！」と言い,電話を切った。佐藤弁護士も腹立たしい気持ちだった。

　数日後,M美さんの母親から「M美が入院しました」と電話があった。M美さんは昨晩,精神科からもらった薬や市販の風邪薬を100錠ほどアルコールと一緒に飲み,部屋で倒れているところを母親がみつけ,救急車で運ばれたのだった。倒れたM美さんの側には,2つに破られた佐藤弁護士の名刺が落ちていたとのことだった。それを聞いて佐藤弁護士は,血の気が引くのを感じた。

弁護士の困りどころ

　ついにM美さんは衝動的になり，示談の成立を危うくし，さらに自分の命まで危うくする行動に出ました。どうすれば，M美さんのこのような自己破壊的な行動を防ぐことができたのでしょうか。

▶▶▶望ましい対応

　示談書にM美さんが納得できないと言ったときに，佐藤弁護士は一応，M美さんに対して「会いに行ってはいけない」とは言っていますが，もっと明確な行動制限をするべきだったと思われます。M美さんの衝動性，行動化の可能性について厳しく認識し，会いに行くことをはっきり禁止すべきでした。

　たとえば，「もしあなたが会いに行ったとしたら，示談は決して成立しません。今，一番大切なことは，洋介さんとの間で示談を成立させて，告訴を取り下げてもらうことです。あなたが会いにいくことで，洋介さんとの関係が何かよい方向に行く可能性は，全くありません。告訴を取り下げてもらい，あなた自身が気持ちを切り替えて生きることが，現在の唯一の選択肢です」などと，きちんと弁護士としての認識を告げるべきだったと思われます。

弁護士の困りどころ

　またM美さんが洋介さんに実際に会いに行ってしまったと知った時，佐藤弁護士はこれまでと一転してM美さんに強い態度を示し，「これ以上こんなことされたら，あなたの代理人はできない」と告げました。このため，M美さんは佐藤弁護士にも見捨てられたという思いが急激に高まってしまったようです。

▶▶▶望ましい対応

　佐藤弁護士が急に感情的に強い態度に変わったのは，佐藤弁護士自身がまさにM美さんとの情緒的な関係に巻き込まれてしまっているからです。

佐藤弁護士は，こういう時こそ，感情を抑えて弁護士としての役割に集中すべきでした。

もっと冷静に，「そういうことをしては，示談ができなくなるとお伝えしましたよね。とにかく事務所にすぐに来ていただけますか」と事務所に来てもらい，面と向かってきちんと状況を説明するなどの対応をとったほうがよかったでしょう。

弁護士の困りどころ

M美さんの過量服薬，入院という経過に，佐藤弁護士は血の気が引いています。このままでは，弁護士を辞任しようと考えるかもしれません。それでよいのでしょうか。

▶▶▶望ましい対応

M美さんが過量服薬する行動に出たことに，佐藤弁護士はかなり責任を感じてしまったようです。しかし，同じ状況でも過量服薬する人としない人がいます。あくまでM美さんは，自分でそれを選択したのです。このような場合に，周りの人が過剰に責任を感じることは，事態の改善にはつながりません。

境界性パーソナリティ障害の人が，不安などの心理的苦痛が高まったときに，過量服薬という問題行動に出ることは，少なくありません。弁護士としては冷静に受け止め，退院して落ち着いたときに，再び冷静に話合いをすべきでしょう。その際に，そのような問題行動を行わないことを約束してくれるなら，代理人を続けることも可能でしょう。しかし，今後の改善が見込めないと思うなら，辞任することも選択肢です。仮にあなたが辞任したとしても，いたずらに罪悪感を持つ必要はありません。むしろ，弁護士が毅然とした態度でいることが，依頼者自身が責任感をもって行動することを促すはずです。

❹ 弁護士にとっての難しさと対応法

(1) 衝動的な行動は明確に行動制限する

　境界性パーソナリティ障害の人は**衝動性**が高いので，不安や怒りなど苦痛な感情を抱くと，調停の場や法廷で，感情に任せて非常識な行動にでることがあります。たとえば，同席調停の場で相手方に物を投げつけたり，法廷で不規則発言をして叫んだりという，常識を逸脱した行動をすることもあります。

　さらに，事件の成り行きに圧倒的な打撃を与えるような，自己破壊的な行動に出ることもあります。たとえば，夫から離婚訴訟が提起され，親権を争っている最中に，境界性パーソナリティ障害の妻が，子どもたちの前で過量服薬して自殺をはかり，救急搬送されて精神科に入院するといった状況です。本人としては，離婚後の生活や，親権を失うのではないかという不安から，衝動的に自殺を図ったのですが，その行為こそが，彼女が親権者としてふさわしくないという有力な理由になってしまいます。

　また，事件の成り行きのなかで不安が高じると，境界性パーソナリティ障害の人によく見られる，自傷行為，アルコール摂取，過量服薬などの，いわゆる**問題行動**が起きる可能性が高まります。事件とは直接関係がないとしても，そのような問題行動は，本人の身体的な安全にかかわるものであり，弁護士にとっても大きな懸念材料となります。

　このような境界性パーソナリティ障害の人の衝動的で自己破壊的な行為は，いったん起きてしまうと取り返しがつかないこともあります。それをなるべく未然に防ぐには，どうすればよいのでしょうか。

　境界性パーソナリティ障害の人が衝動的に行動してしまうのは，心理的苦痛を持ちこたえることができないからです。苦痛を苦痛として感じながら，相手との関係や自分の生き方について考えを深めていくことができず，衝動的な行動で発散するのです。そのような心理的苦痛に本人が向き合っていけるようになるには，精神科医や心理カウンセラーによる長期の治療的関わりが必要です。

　弁護士としてできることは，そのような問題行動の危険があると思われ

る場合には（それを予測することも重要ですが），はっきりと，禁止することです。特に，事例の中でM美さんが洋介さんのマンションに行ってしまったように，紛争の相手方を巻き込むような問題行動は，強く制限しておく必要があります。「そのようなことをすれば，私は代理人弁護士を辞任します」と言ってもよいでしょう。明確な行動制限をし，決してそれをしないと約束してもらうことです。このような行動制限は，医療現場でも境界性パーソナリティ障害の人に対してよく行われていることです。

　また，もし実際に依頼者が問題行動を起こしてしまい，自分自身や他者の安全を脅かすような深刻な状況が生じた場合は，辞任してもよいでしょう。ただ，その際には，一人で判断を下すのではなく，事務所の同僚の弁護士と複数人でのチームを作り，チーム内で検討して判断することがよいでしょう。弁護士が自分1人で問題を抱えると，情緒的にも巻き込まれてしまい，冷静で適切な判断が難しくなるからです。問題行動については，組織的で管理的な対応が重要であることは，医療現場において強調されています（林，2007）。

(2)　見捨てられ不安を防ぐため一定の距離を保つ

　「見捨てられ不安」は境界性パーソナリティ障害の人の根本的な不安ですが，それは弁護士にも向けられます。些細な事で何度も電話をかけてきたり，長いメールやファックスを送ってきたりします。また打合せなどで実際に会っているときに，弁護士が次のアポイントがある場合などに急いでいることを境界性パーソナリ依頼者は敏感に察知して，見捨てられたと感じることでしょう。そして，見捨てられ不安が掻き立てられると，弁護士に対しても怒りを向けるのです。

　パーソナリティ障害の依頼者の「見捨てられ不安」を防ぐためには，弁護士が依頼者と常に一定の距離を保って接し続けることが重要です。「拒絶しても過保護になりすぎてもいけない」と言われます（林，2011）。他人事のように無関心で冷たく接するのではなく，かといって過剰に心配して世話をするのでもなく，淡々と弁護士としてやるべきことをやって接するということです。

いったん，境界性パーソナリティ障害の依頼者のしがみつきに対して，無理をして要求に応えると，要求はエスカレートしていきますし，多忙な弁護士はいずれ要求に応えることができなくなります。
　それよりも依頼者に対して，「見捨てることはない」ということを，行動ではなく言葉で伝えることが大切です。たとえば，「留守番電話があったら，こちらから折り返しますが，すぐに折り返すのは無理なことが多いのでご承知おきください」など，弁護士として現実的で，無理のない範囲で，しかし「確実に」，応答することを伝えることが大切です。

(3)　弁護士を理想化することを防ぐ

　境界性パーソナリティ障害の人は，出会って間もないころは弁護士を理想化する傾向があります。境界性パーソナリティ障害の人は，子どものころに得られなかった「理想の親」を無意識に探し求めていますので，高度な専門職であり援助職である弁護士は，依頼者の保護者と感じられ，「理想の親」のイメージを投影されやすいのです。
　しかし，境界性パーソナリティ障害の人のパターンとして，理想化のあとは価値下げが起こります。理想化が大きいほど，幻滅・失望も大きくなるので，極端な場合には解任されたり，弁護士会への懲戒申立てをされるような事態になるかもしれません。
　このように理想化を受け入れると，その後の失望がより大きくなるので，弁護士は理想化されたときに，「そうではない」と否定しておくほうが安全です。依頼者があなたを理想化して賞賛したからといって，まさか「私は確かにあなたの考えているような卓越した弁護士です」などと言うことはないでしょう。しかし，依頼者からのさりげない誉め言葉であっても，それを明確に否定しなければ，弁護士が肯定していると依頼者には感じられます。
　そういう事態を避け，弁護士と依頼者の関係を，良い面もあるが様々な欠点もあるもの，つまり現実的なものと捉えるように依頼者を援助するということが必要なのです。そのためには，依頼者から理想化された時には，やんわりと否定するほうが無難です。

たとえば，境界性パーソナリティ障害の依頼者が，「先生は正義感が強くて，本当に弱い者の味方なんですね」などと言うときには，「正義の味方なんかじゃないですよ。仕事ですから，頼まれれば大抵の方の弁護をしますよ。サービス業の一種ですからね」などと，理想化を否定するほうが安全です。

(4)　感情的になっている時は，実際的問題へ注意を向ける

　調停や訴訟がうまくいかない場合などに，境界性パーソナリティ障害の依頼者が，弁護士に対して激しい怒りを向けたり，興奮状態になるなど，感情的になってしまうことがあります。

　依頼者の怒りなどに対して，弁護士として理不尽に感じて強く反論したり，恐しいと感じて依頼者と関係を切りたくなったりするかもしれません。しかし弁護士が感情的になって拒絶的態度をとれば，彼らは「弁護士に嫌われた，見捨てられた」と感じる可能性があります。

　そのような場合には過剰反応せず，努めて冷静な態度をとり，本来その場でなすべきことに彼らの注意を引き戻すというアプローチをとることが有効です。

　しばらく黙って依頼者の様子を見守ったり，立ち上がっていたら座ることを促したり，コーヒーやお茶を勧めたりして，興奮状態が収まるのを待つ時間が必要でしょう。少し落ち着いたら，怒りの原因について話し合うなどして，依頼者の感情自体について話し合うことはしないほうがよいでしょう。それは，精神科医やカウンセラーの役割です。そこに弁護士が踏み込むことは，関係を一層こじらせる危険性があると思われます。

　むしろ，その時に現実的に対処しなければならない問題に依頼者の気持ちを向け変えるほうがよいと思われます。次回の期日に向けて話し合っておくべきことや，陳述書の作成，証人尋問の準備など，弁護士と依頼者の間でやるべきことがあるはずです。実際的にやらなければならないことに，少しずつ依頼者の注意を向けていくうちに，落ち着いてくる可能性があると考えられます。

　ただし，もし怒りの気持ちのために自他に害を与えるような衝動行為に

出る可能性があるなら，上述したように，明確にそれを禁止することも必要です。

(5) 複数の弁護士で対応すること

　これまで述べてきた対応策の全ては，弁護士にとって非常に感情的なストレスのかかることです。個人的な感情（困惑，不安，怒り，罪悪感など）が掻き立てられ，その感情を抱えながら，現実的にどう対処したらよいのか悩んでしまいます。弁護士として，実務的にも適切で，弁護士倫理にもかなった対応をするために，依頼者とどう向き合えばよいのかについて，なかなか冷静に判断することができません。

　このような状況を避けるために，依頼者が境界性パーソナリティ障害ではないかと考えられるときは，できる限り，複数の弁護士で共同受任する形をとることが望ましいと言えます。複数で依頼者に対応することで感情にまどわされずに客観的な視点を保つことができますし，依頼者も，1人の弁護士に対するよりも感情的にならずにすみます。

　共同受任が難しい場合は，できるだけ，自分が困っていることを話せる同僚や同期の弁護士などに，折に触れて話をすることです。自分だけで考えているより，第三者に話をし，さりげない形でも助言を得ることで，冷静さを取り戻すことができるでしょう。

　大事なことは，1人で抱え込まないことです。弁護士が弁護士として適切に仕事をするためには，境界性パーソナリティ障害の人に情緒的に巻き込まれている状態を脱して，状況を客観視できるようになる必要があるのです。

第2章 高飛車な態度をとる依頼者（自己愛性パーソナリティ障害）

1 Introduction
▶▶▶ 健全な自己愛と病的な自己愛

　自己愛は，「自分に優れたところがあると思い，自分を好ましいと感じること」という意味においては，本来誰でも持っているものです。多くの人は成熟した大人になったとき，自分自身の力を生かして職業人あるいは家庭人として生きており，そのような自分にほどほどの自信を持っています。

　このような形のほどほどの「自己愛」は，いわば健全な自己愛であり，自然なことであって，対人関係上の支障を生じさせるものではありません。逆にもし，ある人に自己愛が乏しく，自分に対して否定的な見方しかできないとすれば，それはかえって病的な状態であると言えます。

　このような健全な自己愛に対し，自己愛性パーソナリティ障害における自己愛は，非現実的で誇大的な自己像を持っているために，周囲との軋轢を生みやすく，社会適応を阻害する要因になるという意味で，病的な自己愛だということができます。

　俗説としてですが，自己愛性パーソナリティ障害が多いのは，実業家，政治家，医者，弁護士と言われます。これらの人々は，実際にある分野で他者よりも優れていることは確かですが，実際以上に肥大化した自己像を持っている場合には，自己愛性パーソナリティ障害と言われてしまうのでしょう。

　ということは，弁護士であるあなた自身も，自己愛性パーソナリティ障害かも知れません。パーソナリティ障害のレベルでないとしても，難関の司法試験を乗り越えて弁護士になるような能力の高い人が，自分に相当程

度の自信を持っていることは当然であり，少なくとも自己愛性パーソナリティの要素をもっている方が多いはずです。

　弁護士自身が自己愛性パーソナリティをもっていることは，自己愛性パーソナリティ障害の依頼者との間で問題を生じやすくします。なぜなら弁護士の自己愛と依頼者の自己愛とがぶつかり合い，競争的になってしまうからです。それが結果的に依頼者の自己愛を傷つけ，弁護士との関係を悪化させることになりがちです。あるいは，弁護士であるあなた自身の自己愛も傷つき，不愉快な感情が湧き上がることが多いでしょう。

　どうしたら，そのような自己愛のぶつかり合いを防ぎ，良好な関係を築くことができるのでしょうか。

自己愛性パーソナリティ障害の診断基準［DSM-5］

　誇大性（空想または行動における），賛美されたい欲求，共感の欠如の広範な様式で，成人期早期までに始まり，種々の状況で明らかになる。以下のうち5つ（またはそれ以上）によって示される。

(1) 自分が重要であるという誇大な感覚（例：業績や才能を誇張する，十分な業績がないにもかかわらず優れていると認められることを期待する）

(2) 限りない成功，権力，才気，美しさ，あるいは理想的な愛の空想にとらわれている。

(3) 自分が"特別"であり，独特であり，他の特別なまたは地位の高い人達（または団体）だけが理解しうる，または関係があるべきだ，と信じている。

(4) 過剰な賛美を求める。

(5) 特権意識（つまり，特別有利な取り計らい，または自分が期待すれば相手が自動的に従うことを理由もなく期待する）

(6) 対人関係で相手を不当に利用する（すなわち，自分自身の目的を達成するために他人を利用する）。

(7) 共感の欠如：他人の気持ちおよび欲求を認識しようとしない，またはそれに気づこうとしない。

(8) しばしば他人に嫉妬する，または他人が自分に嫉妬していると思い込む。

(9) 尊大で傲慢な行動，または態度

（日本精神神経学会（日本語版用語監修），髙橋三郎・大野裕（監訳）(2014)．DSM-5 精神疾患の診断・統計マニュアル．p.661．医学書院．）

❷ 自己愛性パーソナリティ障害の特徴

自己愛性パーソナリティ障害の人には，次のような特徴があると言われています。

(1) 自分が特別に優れていると信じている（誇大感）

自己愛性パーソナリティ障害の人は，自分のことを頭がいい，才能がある，美しいなど，自分が格別に優れていると信じています。

自己愛性パーソナリティ障害の人が実際に優れた部分をもっている場合も多いのですが，ただ彼らは自分の実際の姿よりもさらに誇張された非現実的な自己イメージを持っています。

たとえば小説家志望の人が，自分のブログに自作の小説を投稿して何人かの読者からのポジティブなコメントを受けているに過ぎないのに，「近い将来，自分はベストセラー作家になるだろう。自分にはそれくらい小説家の才能があるのだ」と自分の非凡な才能を夢想しているような場合です。あるいは，かなりの社会的成功を収めている人であっても実際の業績よりも自分を高く見積もっている場合もあります。ビジネスで多少の成功を収めた起業家が，会社の規模からすれば小企業の社長でしかないのに，自分には人並み外れた経営センスがあるのだと自信満々でいるような場合です。客観的な評価とその人自身の自己評価にはずれがあり，「誇大的な自己イメージ」を持っているのです。

このように，自己愛性パーソナリティ障害の人は，自分を並外れて優れた存在だと感じ，他者は自分のことを賞賛して当然だと思っているので，賞賛の言葉を引き出すために自分の才能をひけらかすような言動をとります。

自己愛性パーソナリティ障害の人と話すと，こちらに興味をもって話題

を振るといった態度は全く見せず，公私にわたって自分がどのように成功したのか，いかに優れていたかについての語りが延々と続き，聞き手も最初のうちは，「すごい人なんだ」と感心して聞いていても，何回もそれが続くと次第に「子供っぽい人だな」という感じが湧いてきて辟易してしまいます。

「自分は賞賛され，崇められ，尊重されて当然」という感覚は身近な家族に対しても向けられます。たとえば自己愛性パーソナリティ障害の人は，幼い自分の子どもが自分の言うとおりに行動せずに自分勝手に動き回ったりすると，それはその年齢の子どもには当たり前のことかもしれないのに，「親である自分を無視している」と捉え，激しく折檻するという行動に出るかもしれません。

また職場では，有能な部下が自律的に仕事をこなす姿をみて，自己愛性パーソナリティ障害の上司が「俺の指示に従わず，勝手なことをやって，職務懈怠だ」などと捉え，不当なほど厳しく部下を叱責するといったこともあります。

このようにして，自己愛性パーソナリティ障害の人は，児童虐待やドメスティック・バイオレンス，ハラスメントの加害者になりやすいと言われます。

(2) 自分は他者から特別に扱われて当然との気持ちがあること（特権意識）

自己愛性パーソナリティ障害の人の誇大的な自己意識は，「これほど特別な存在である自分は，他の人とは違った特別な待遇を受けて当然だ」という特権意識を持っています（Hotchkiss, 2002）。たとえば，混んでいるレストランで予約なしでも窓際の景色のよい席に案内されて当然だとか，役所での手続では申請などに多少の瑕疵があっても特別に許可を受けられるはずだとか，自分には他者とは異なる特別なルールが適用されるのだと考えています。

このような特権意識は，「自分は一般的な規則や法の適用外にいるのだ」といった意識にもつながります。事業から莫大な利益を得た実業家が脱税をしたり，配偶者がいるのに何人もの愛人と付き合ったりするのも，

自己愛からくる特権意識があり、「自分は特別だから社会のルールに従う必要はない」と感じている可能性があります。特権意識からのルール違反の行動は、もしそれを周りの他者が許容しない場合には、社会的批判を受け、他者との間の法的紛争につながる可能性を秘めています。

(3) 他者の気持ちを理解し、思いやることができない（共感性の欠如）

　自己愛性パーソナリティ障害の人にとって、他者は自分を賞賛したり、自分に奉仕したりする存在としてのみ認識されており、他者自身にも気持ちがあり、欲求があるということを、実感できていません。また自己愛性パーソナリティ障害の人は、その尊大な態度のゆえに他者の気持ちを傷つけることが多いのですが、そのような他者の気持ちを感じ取ることはできず、そこに罪悪感が生じることはありません。

　このように、自己愛性パーソナリティ障害の人は他者への共感性が欠けていることからも、児童虐待やドメスティック・バイオレンスを行いがちです。怒りに任せて子どもや配偶者に暴力を振るったとしても、「怒らせるお前が悪い」と相手の責任としてとらえ、自分のせいで相手の心身が傷ついたことには無頓着でいられるのです。

　自己愛性パーソナリティ障害の人にとって、他者の気持ちを理解し、心を通わせ、他者に対して感謝の念や申し訳ない気持ちを抱くことは、自分自身の弱さや欠陥を認識することにつながるため、必ず避けなければいけないことなのです。逆に言えば、何かトラブルが起こったとき、自己愛性パーソナリティ障害の人は責任が自分にあると感じることができず「責任は必ず他者にある」と感じるのです。

　このような、他者に責任があると感じる傾向の強さは、自己愛性パーソナリティ障害の人が、他者の法的責任を厳しく追及する行動をとることにつながります。しかも自分の側の責任を露ほども認めることができないため、妥協ができず、法的な闘争が続くのです。

(4) 「訴える側」にも「訴えられる側」にもなりやすい

　以上のような特徴から、自己愛性パーソナリティ障害の人は、法的問題

に関して「訴える側」にも「訴えられる側」にもなります。「訴える側」となるのは，何か他者との間で法的問題が生じた場合に「相手に責任がある」と信じるからです。逆に「訴えられる側」となるのは，彼らが他者への共感を欠くため，ドメスティック・バイオレンスやハラスメントのほか，様々な人間関係場面で尊大で傲慢な態度をとるために，気持ちを傷つけられた他者の反感や恨みを買いやすいからです。

❸ 自己愛性パーソナリティ障害の原因とこころの動き

　自己愛性パーソナリティ障害の要因としては環境的要因が重視されている一方で，遺伝的な要因についての研究は数が少なく，遺伝的な影響があるという研究結果は今のところほとんどありません。

　ただ，自己愛性パーソナリティ障害の治療の臨床経験を通じて，いくつかの生物学的な要因が影響しているのではないかと示唆されています。たとえば，特別意識をもち誇大的な自己愛性パーソナリティ障害の人は，生得的な気質として強い攻撃性を持っているのではないかと言われています(McWilliams, 2005)。

　また，自己愛性パーソナリティ障害の人は親から十分に愛情を注がれている場合にも生じることがあり，それは自己愛性パーソナリティ障害となりうる子どもは，生来的に親からの思いやりや愛情に気づく感性が乏しく，「自分は愛されていない」と感じやすい気質を持っているのではないかということも言われています (Yudofsky, 2005)。

　ただ，これらの仮説は今のところ実証されてはいないようです。

　やはり自己愛性パーソナリティ障害の原因としては，環境的要因，とくに養育者からどのように育てられたのかが重要です。その過程については異なる視点からの理論的説明が存在します (Gabbard, 1994)。たとえばコフートとカーンバーグは，いずれも精神分析の理論的立場から自己愛性パーソナリティ障害の成立過程を説明していますが，その説明の力点は少し異なります。

ただ，共通して理解されていることを単純化して述べるならば，子どもが，自分の優れている面も劣っている面もすべて含めて，親から受け入れられているという感覚を持つ体験ができなかったことが影響しているようです。幼い子どもは，自分が何でもできるという万能的な感覚を持っていますが，成長するにつれて自分のできないこと，現実的な限界を知り，自分に幻滅して心が傷つきます。しかし，その過程で親が子どもに十分な関心を払い，優れている部分をほめ，できなかった傷つきを慰めるならば，子どもは自分への幻滅と傷つきから立ち直り，自分の優れている面も劣っている面も両方を受け入れていきます。そして，現実的な自己イメージを持つようになります。

　ところが，もし親が常に子どもを叱ったり，否定的な言葉を投げつけたりしていると，子どもは「自分は全く優れたところのない劣った人間だ」と感じ，それは耐え難い心の苦痛をもたらすので，反動的に「誰よりも優れている自分」という誇大的な自己イメージを心の中で作りあげ，その自己イメージにすがって生きていくようになります。反面で，自分の劣っている部分を受け入れることは到底できなくなります。

　あるいは逆に，親が子どもを過度にほめ，子どもが失敗することはないかのような態度をとっていると，子どもは無意識的に「自分が優れているから親は受け入れてくれるのだ。もし自分に劣ったところがあれば，親は愛してくれない」と感じます。そのためやはり，「優れている自分」という万能的な自己イメージを守ろうとし，自分の劣った部分を受け入れることができません。

　このようにして，誇大的な自己イメージを持ち，それを常に確認するために他者からの賞賛を求め，他者を貶めて傷つけてまで自己イメージを守ろうとするという，自己愛性パーソナリティ障害の心理的な特徴が形作られていくのです。

　しかし，その尊大な態度の裏側には，自信がなく傷つきやすい自己像があることも，自己愛性パーソナリティ障害の人と接するときに心に留めておくことが大切です。

第2章　高飛車な態度をとる依頼者（自己愛性パーソナリティ障害）

> 事　例　**モラルハラスメントの離婚事件**

　吉田弁護士は，弁護士になって8年目，現在35歳の男性弁護士である。弁護士総勢50名の弁護士法人のアソシエイトであり，顧客のほとんどは企業関係で，企業法務には自信があるが，いわゆる一般民事はさほど経験がない。
　相談者は，顧問先の企業の法務部長の紹介でやってきたK氏（40歳）である。K氏は法務部長の弟で，法務部長からは「弟の夫婦関係がこじれて困っているようなので，相談にのってもらいたい」と頼まれていた。

長すぎる自己紹介

　K氏はIT関連の会社を起業し，現在では年商10億円にまで成長させた敏腕社長とのことだった。
　約束の日に事務所にやってきたK氏は，カジュアルだが洗練された服を着ており，堂々とした態度で，いかにも成功した起業家という印象だった。名刺交換をしたのち，吉田弁護士は名刺を見ながら話のきっかけにと思い「ご自身で会社を経営しておられるんですね」というと，K氏は自己紹介のつもりなのか，自分の会社のITビジネスについて説明を始めたが，「ええ，かなり新しい分野で注目されておりまして，この3年で年商が3倍に増えました。最近，日経新聞の取材も来ましてね……」などと，自分がどのように事業を拡大してきたかを滔々と話した。
　吉田弁護士は「才能のある人らしい」と思いあいづちを打ちながら聞いていたが，10分過ぎてもK氏が話し終わる気配がないため，さすがにしびれを切らしK氏の話をさえぎって「じゃあ，時間もないことですしそろそろご相談を伺いましょうか」と告げた。するとK氏は憮然とした表情で，相談に来た経緯を話し始めた。吉田弁護士は，"何も気に障ることも言っていないのになぁ" と不思議に思った。

第Ⅱ部　パーソナリティ障害の類型と対応法

弁護士の困りどころ

　K氏は延々と自慢話から入り，吉田弁護士は事件について話を聞くことがなかなかできず苛立っていましたが，こちらから話題を変えるとK氏はなぜか不機嫌になっています。K氏にとっても，相談内容である夫婦関係のことが最も気になっているはずなのに，なぜK氏はこのような態度をとるのでしょうか。また吉田弁護士は，どう対応すればよかったでしょう。

▶▶▶望ましい対応

　初対面の人に自慢話を長々とするのは，自分の価値を相手に認めさせないと安心できないという，自己愛性パーソナリティ障害の特徴です。とりわけ，この場面でK氏は，プライベートでの問題について弁護士に相談しなければなりません。その屈辱感を覆い隠すためにも，自分の偉大さを吉田弁護士に示して認めてもらいたいのです。このような場合に，自己愛性パーソナリティ障害の人は，自分が優れているということを相手が承認してくれたと感じれば，安心できるのです。ですから，吉田弁護士はここで，K氏の業績をほめるような一言を添えたほうがよかったでしょう。

DVではない！

　やや憮然とした表情ながらも，吉田弁護士の促しに応じてK氏は事情を説明し始めた。妻とは結婚して6年になるとのことだった。妻は専業主婦で，子どもは長女（3歳）が1人である。特に夫婦喧嘩が多いわけでもなかったが，1か月前に突然，妻が長女を連れて地方の実家に戻ってしまった。義父から連絡があり，「娘はDVを受けたと言っており，離婚を考えているようだ。娘がとても恐がっているので電話やメールをしないでほしいし，ここにも来ないでほしい」と言われたという。K氏は，「妻は一人娘なので，義父がずいぶん甘やかして育てていたみたいですね。娘と孫を手元に置いておきたくて，DVなどと言っているんですよ」と，怒りがよみがえってきたように話した。

第2章　高飛車な態度をとる依頼者（自己愛性パーソナリティ障害）

　吉田弁護士は「そうは言っても何か事情があるのだろう。そこを探る必要があるな」と思い、「奥さんとしては、あなたのどういうところがDVだと言っておられるのでしょうか」と尋ねたところ、K氏は強い口調で「DVなんかじゃないですよ！」と強く言い放った。

　吉田弁護士は相談者の強い語気に圧倒されながらも、「失礼しました。それでは、これまで、どういう夫婦関係だったのでしょうか」と尋ねると、K氏は、「夫婦関係は別に普通ですよ。私は仕事が忙しいし、妻は専業主婦ですから家事と子育ては任せていました。ただ、子どもが産まれてから家事の手抜きはひどかったですね。家の中は散らかり放題だし、たまに家で夕食をとるときでもレトルトのカレーとか、ひどいこともありましたね。専業主婦なんだから、もうちょっとまともな食事を作れよと言ったりしたことはありますよ。あとは、私が帰ったら寝ているんですよ、まだ10時くらいなのに。せめて起きていろよと言ったことはありますかね。でもそんなの当たり前でしょう」とまくしたてた。

　吉田弁護士はその様子をみて、"こんな剣幕でいろいろ言われたら、奥さんがDVだと主張するのもありうるな"と感じた。K氏がどういう認識でいるのかを聞いてみようと思ったが、さっき、「DV」という言葉に反発されたことを思い出して、用心深く「DVには暴力だけでなく、言葉による精神的DVというのもあるにはあるんで、奥さんはそういう主張でもしようとしているんでしょうかね……」と曖昧な形で問いかけてみた。するとK氏は気色ばんだ様子で、「いや、それはありえませんよ。僕もネットでいろいろDV離婚については調べてきました。僕は家内に暴言を吐いたり、人格を傷つけるようなことを言った覚えはないですよ。精神的DVには当たらないと思いますね。失礼ですがご専門は企業関係とのことですが、離婚事件は何件くらいやっておられますか。DVについてはよくご存知ないようですが」と見下すかのように言った。

　吉田弁護士は非常に不愉快に感じたが、そこで言い争ってK氏をさらに怒らせてしまったら紹介元の法務部長に申し訳ない、という気持

ちがよぎり，とりあえずこの場は収めなければと考えて内心の怒りを抑えた。

　K氏の希望としては，「とにかく一度，妻と長女に東京に帰ってきてほしい。きちんと話しをしたいと妻に伝えてほしい。先生にはそれを頼みたいんです」とのことだった。吉田弁護士は「では明日あたり，ご実家にお電話してみます」と答えた。

弁護士の困りどころ

　K氏が妻に対する不満として述べていることは，吉田弁護士には共感が難しく，むしろ「本当にDVではないのか？」と思わせるものでした。心からの共感と同情がなくても，弁護士としては依頼者の立場にたってその主張に沿った弁護活動をすればよいのですが，依頼者の気持ちを理解することができれば，依頼者の希望に沿った法的利益の実現ができる可能性が高まります。K氏の主張をどう理解したらよいのでしょうか。

　K氏にDVについて尋ねると反発されてしまうので，この点の確認は難しいところです。吉田弁護士もかなり気を使って「奥さんはどういう点をDVと思っておられるのでしょうか」と尋ねているのですが，それでもK氏には気に障ったようです。事件の中心問題ともいうべきDVについてきちんと尋ねるためには，どうすればよいのでしょうか。

▶▶▶望ましい対応

　K氏は子どもが生まれてから妻に不満を抱き始めたようです。自己愛性パーソナリティ障害のK氏は，妻が自分を大事にしていない，子どもを優先してないがしろにしていると感じ，自己愛が傷つけられているのかもしれません。

　自己愛性パーソナリティ障害の人が攻撃的になるのは，背後に傷つき（たとえそれが身勝手なものであれ）があるという視点を持つと，多少は共感しやすくなるのではないでしょうか。

　K氏の気持ちをこのように理解した上で，次にK氏に「DV」について

尋ねるやり方ですが，よりマイルドには，「奥さんのおっしゃっていることに，心当たりはありますか？」という言い方もあります。しかし，どう表現してもK氏は怒るのかもしれません。

　ここで重要なことは，吉田弁護士が客観的に聞いているにもかかわらず，DVという言葉を出されるだけで反発することです。K氏がDVという言葉に過敏に反応するのはなぜでしょうか。それは，K氏がDVという言葉で自分が非難されていると感じ，自己愛が傷つくために自己防衛しようとしているのだと，理解できます。しかしここで吉田弁護士が委縮してK氏に遠慮すれば，弁護士としていうべきことが言えなくなってしまいます。かといって，真っ向からK氏に対抗すると，K氏の怒りをかって信頼関係を築くことすらできません。

　K氏が，自分が批判されたと感じにくい言い方の1つとして，たとえば「あなたの気持ちは十分わかるけれど，世間的にはDVと言われちゃうんですよ」というように，弁護士としての意見ではなく，一般論として言うと受けいれやすくなる可能性があります。「少なくとも，この弁護士は私の味方だ」と感じてもらいやすい言い方を工夫することが，信頼関係を築く過程で役に立つでしょう。

弁護士の困りどころ

　次第に吉田弁護士は，K氏に対して不快感を持つようになっています。K氏のように弁護士に対して批判的，攻撃的な態度を向ける依頼者は，なかなか一人の弁護士との間で信頼関係を保って長く付き合っていくことができません。仲違いをして他の弁護士に行ってしまうことも多いでしょう。

　依頼者に対して不快感を持ってしまう場合，弁護士としてどう気持ちの整理をつければよいのでしょうか。また，前述のように，自己愛性パーソナリティ障害の人には，その言動を承認することを基本として，一歩下がった態度をとるほうがよいのですが，それは，専門職である弁護士として正しい判断と行動をとるというスタンスとどのようにすれば両立するのでしょうか。

▶▶▶望ましい対応

　まず，自己愛性パーソナリティ障害の人の配慮のない言動を弁護士が不愉快に感じるのは当然ですが，不愉快な感情や苛立ちを「よくないもの」として無理に抑え込んで対応しようとすると，無意識のうちに，その不愉快な感情の仕返しをしたくなるかもしれません。言葉に出して表現するかどうかはともかく，自分が苛立ちを感じていることを十分に自覚しておくことが必要ですし，それによって，弁護士としてより冷静に対応できるようになります。

　さらに一歩進めて，「戦略的同調」という意識を持つことが有効です。「戦略的同調」とは，依頼者の主張を弁護士として完全に受け入れることができないとしても，最終的に依頼者の利益を実現するためには，まずは依頼者との信頼関係を築くことが必要なので，当初はあたかも一旦は依頼者に同調するかのような態度を示すということです。

　たとえ実際にDVを行っていた依頼者であっても，守るべき法的利益はあるはずですし，子どもがいる離婚事件では特に当事者双方が納得した解決がなされることが必要です。このような場合，もし弁護士が，自己愛性パーソナリティ障害の人の自己中心的，一方的な主張に「完全同調」して調停や訴訟を進めると，相手方の反発を招き，調停委員や裁判官の納得を得られないなど，かえって依頼者に不利益が生じかねません。他方で，もし弁護士が受任の最初から依頼者の主張に対して懐疑的な見方をストレートに示すと，自己愛性パーソナリティ障害の依頼者の反発をかい，信頼関係を結ぶことができず，後の大切な場面で依頼者が弁護士の助言を受け入れず，結果的に依頼者の利益を実現できなくなる可能性があります。

　これらの中間をいく手段として，「戦略的同調」があるのです。まずは依頼者の気持ちに沿い，その主張を理解し，依頼者の気持ちをねぎらうことから始めるとよいでしょう。自己愛性パーソナリティ障害の人は，自分を支持されると安心し，攻撃的姿勢は和らぎます。

　吉田弁護士も，最初の段階でもう少しK氏の自慢話や自己中心的な主張に理解を示し，「奥さんが急に出ていかれて，ずいぶんお辛いでしょう」

などと気持ちをねぎらって，K氏が安心できる面談の場を作れたら，もっと様々な事情を聞き出せた可能性があります。そうすれば，K氏の立場を本当に理解することもできたのではないでしょうか。そのような対応を続けているうちに，K氏からの信頼を勝ち得たなら，次第に，K氏にとって多少耳の痛い言葉も，伝えられるようになった可能性があるでしょう。

遅れた電話

　ところがその夕方，事務所の顧問先の大手食品会社に異物混入事件が起こったとの電話があり，それから2日ほど吉田弁護士はマスコミ対応などに追われて忙殺され，K氏の妻の実家に電話をすることができなかった。3日目の朝，K氏から吉田弁護士の携帯電話に電話があり，妙に丁寧な口調で「先生，電話してくださる件はどうなりましたでしょうか？」と尋ねた。吉田弁護士は，今回の事件がきわめて緊急な事態であることは会社社長であるK氏にも分かってもらえるだろうと思い，「ニュースでもやっている異物混入の件が顧問先だったもので，対応に追われてしまって……」と説明しかけると，K氏はさえぎるように，「そんなこと私の件には関係ないでしょう」と怒鳴るように言った。さらに続けて「着手金も払っているんだから，早く電話するのが，弁護士の責任なんじゃないですか。こっちは，別の弁護士頼んだっていいんですよ」と，強い口調で責めるように言い続けた。吉田弁護士は驚いて「大変申し訳ありませんでした。すぐに電話しますから。またご報告しますので」と謝罪したが，K氏は怒りが収まらないような様子で，「兄貴から頼りになる弁護士だって聞いていたのに，全く期待外れだよ。とにかく早く電話してくれよ」と吐き捨てるように言い，電話を切った。吉田弁護士は，"早く電話しておくべきだった。失敗だった"と悔いる気持ちの一方で，"ここまで怒るようなことではないだろう。そういう暴言をいうから，奥さんからDVと言われるんだろ。そんなことも，わからないのか"と非常に嫌な気分になり，K氏の事件を受任しなければよかったという思いが心をよぎって

憂鬱な気分になってきた。

　吉田弁護士がK氏の妻の実家に電話をかけると妻の父親が電話に出て、「娘は離婚しかないと思っている。娘はKに恐怖感を持っていて、とても直接会わせられる状態じゃない。いずれ調停を申し立てる予定だ」との話であった。父親の口調から既に弁護士に相談済みであることが感じられ、吉田弁護士は、調停の場で話合いを進めるしかないだろうと思って電話を切った。そしてすぐ、K氏に電話をかけて父親の言葉を報告し、いずれ調停が申し立てられるだろうと伝えると、K氏は「調停ですって？　それは、妻の本心じゃないと思いますね。あの父親の差し金ですよ。あのくそ親父、何もわかってないくせに。」などと、独り言のように義父をののしっていた。吉田弁護士は"悪く考え過ぎではないか。普通の親心というものではないか"と思い、K氏は社会的立場に似合わず大人気のない性格のようだと改めて感じた。

　なんとかK氏をなだめなければと思い、「調停でも離婚と決まっているわけではなく、夫婦関係調整の方向で話し合える可能性はありますし、DVではないと主張していく機会があるはずですから、その方向で進めていきましょうよ」と声をかけると、K氏は一転して我に返ったような声で「吉田先生、調停ではしっかりやってくださいよ」と横柄な口調で言った。

弁護士の困りどころ

　吉田弁護士は約束していた妻の実家への連絡が遅れた言い訳として異物混入事件のことを告げました。吉田弁護士としては、「ニュースでもやっているのだから、重大な緊急事態だったとわかってもらえるだろう」と考えたのですが、それは逆効果になってしまったようです。吉田弁護士はどう答えるべきだったのでしょうか。

▶▶▶望ましい対応

　吉田弁護士はK氏から「電話をすると言ったのに、まだしていない。弁

護士として当然やるべきことをやっていない」という言い方で攻撃されましたが，このように自己愛性パーソナリティ障害の人はこちらの専門職としての失態を見逃さず鋭く攻撃してきます。そのため吉田弁護士の側にも，自分が失敗したという感覚，恥の感覚が生じてきます。吉田弁護士にとってはストレスフルな状況です。

　K氏からの非難に対して吉田弁護士は言い訳をしたのですが，それがK氏の怒りに油を注いでしまいました。吉田弁護士が，ニュースでも取り上げられるような「大企業」の事件のほうを，自分の件よりも優先したと感じたことが，K氏のプライドに障ったようです。

　吉田弁護士の言い訳が「大企業の事件でニュースにもなっているから，連絡が遅れたことは当然だ」というニュアンスになったのはまずかったようです。K氏の怒りはもっともな点もあるのですから，ここは，連絡が遅れたことを率直に謝罪したほうがよかったでしょう。

調　停

　1か月ほどすると，K氏の妻から離婚と婚姻費用の支払を求める家事調停の申立てが行われた。吉田弁護士はK氏とともに調停に出席した。

　1回目の期日，相手方が同席調停を拒んだため，両当事者が別々に調停委員と話をすることになった。K氏は調停委員を前にして，「離婚する気はありません。私たちはごく普通の夫婦でしたし，自分も夫として父親として足りないところはあったかもしれないけれど，DVなどしていません。妻は，精神的に疲れてうつ状態になっていたんじゃないかと思いますね。そこに父親が言いくるめたんだと思いますよ。妻はむしろ心療内科に連れていって治療すべきだと思います」と自分の主張を滔々と述べ立てた。

　調停委員が何度も口をはさみかけたがK氏の主張はとまらず，吉田弁護士は次第に調停委員の表情が曇ってくるのに気が付いたが，これまでのK氏の態度から考えると，下手に話を止めるとあとで何を言わ

れるかわからないという思いがあり，なかなか止められなかった。何とか口をはさんで，「Kさん，そうすると調停についてのあなたのご意見をまとめてみますと……」と言いかけると，K氏は「離婚する気はありません。婚姻費用も払う気はありません。とにかく妻と話し合わせてください」と強い口調で言った。

　吉田弁護士は，こんな調子ではすぐに調停が不成立になってしまうと思い，あわてて「こちらは，申立人が離婚したい理由がわからないので，現時点でなかなか離婚を前提に話をすることは難しいですが，もう少し申立人が離婚したいといっている理由を具体的に聞きたいというのがあります。もう少し時間をいただく必要があるかと思いますね」と調停委員に伝えた。K氏は，幾分か不服そうな表情であった。

　調停委員は妻側に対して，次回期日までに，離婚したい理由を準備書面にまとめ，吉田弁護士にも送るように伝えるとのことだった。

弁護士の困りどころ

　K氏が調停の場で，かなり激しい口調で一方的な主張をすることを，吉田弁護士は止めなければと考えていたのですが，K氏の話になかなか割って入ることができず，K氏は調停委員に悪印象を与えてしまったようです。このような場合，吉田弁護士はどうすればよかったのでしょうか。

▶▶▶望ましい対応

　調停の場でのK氏の強い自己主張は，弁護士がみていてハラハラするかもしれません。しかしその強い態度の背景には「離婚したくない。妻に戻ってきてほしい。子どもに会いたい。」という切実な思いがあると考えることが必要です。

　このようにK氏の心情を把握したとしたら，次の調停期日に行く前に，K氏と，「離婚を回避し，復縁の方向に調停を進めてもらうこと」を目標として設定し，そのための有効な手段として「妻の落ち度などを指摘しても役に立たない。むしろ自分の側の足りなかったところを認めて改善に努

めるという姿勢で臨みましょう」ということを，K氏のプライドに配慮しながらも，きちんと伝えることが必要です。

自己主張を突き進む依頼者

　妻側から離婚したい理由をまとめた準備書面が送られてきた。内容は，K氏が日常的に妻の家事や育児に文句を言う，生活費の使い方を細かく報告させて気に入らないと批判する，帰宅時に妻が子どもと添い寝していると起こして晩酌のつまみを作ることを強要する，言い争いになると壁を叩いたりドアを強く閉めるなどして威嚇する，など，いくつも具体的にあげられていた。

　吉田弁護士がK氏にそれを見せると，K氏は興奮した様子で，一つ一つに反論を加えたが，反論といってもいかに妻のやることが駄目であったかという主張を繰り返しているにすぎなかった。

　吉田弁護士は，さすがに一度，きちんと話すべきだろうと思い，「このような主張が出てくると，精神的DVだと調停委員が考えて調停を進める可能性はあると思いますし，水掛け論になると調停不成立になってしまいますね。」と告げると，K氏は「先生は，依頼者の利益のために動くのが弁護士だとわかっていらっしゃらないんじゃないですか？　どんな手段でも私に有利に運ぶことがあなたの仕事じゃないんですか。大手の法律事務所の弁護士だっていうから，わざわざ頼んだのに，期待外れでしたよ。このまま先生に頼むかどうか考えさせてもらいます！」と脅すように言った。

　吉田弁護士もさすがに腹が立ち，この場で辞任したいという思いに駆られたが，ぐっと自分を抑え，「よくお考えください」といってその日は打ち切った。

　吉田弁護士は，K氏がすぐに委任を断ってくるのかと思ったが，1週間ほどすると何事もなかったかのように電話があり，次回の調停にも行ってほしいとのことだった。また，顧問先の法務部の部長とたまたま別件で話す機会があったが，「他の弁護士にも相談に行ったが，

断られたようです。少し気難しい奴なので，よろしく頼みます」という話だった。

　調停期日が2回ほど入ったが，妻側の離婚の意思が固いことがわかると，K氏は次第に，「あんな女に執着する必要ないですよ」と離婚に応じる姿勢を見せ始めた。また子どもの親権は主張しないといいながら，面会交流だけは「毎週日曜日は1日，子どもと過ごしたい」とこだわっていた。

　4回目の調停期日，吉田弁護士はK氏を伴わず，自分だけで調停に出席した。面会交流について調停委員から「月に1度，2時間」という調停案が出され，吉田弁護士は「まあ，妥当なところだろう」と思いながらも，K氏はどう反応するだろうかと気が重くなりながら，持ち帰ってK氏に告げた。するとK氏は，「これまで私と娘は良好な関係だったんです。妻がいろいろヒステリックに叱るから，娘は自分のほうになついているんです。1か月に1度なんて，娘が可哀想すぎますよ。これじゃ話にならないな。もう一度，毎週日曜日というのを，調停委員に言ってくださいよ」と，詰め寄るように吉田弁護士に言った。

　吉田弁護士は「たぶん，そこを譲らないと調停は不成立になると思います。調停が不成立になれば，妻側から離婚訴訟が提起されることは確実ですよ」と，K氏を説得するつもりでいうと，K氏は「裁判官のほうが，話がわかるんじゃないですか。裁判所で，自分が証言台に立って説明すれば，DVなんかではないことは明らかになると思いますよ。私としても，濡れ衣は晴らしたいですからね」と，かえって強気になっていった。

　そこで吉田弁護士は，このまま離婚訴訟になると長期化すること，弁護士費用もかかること，離婚そのものには合意しつつあるのだから調停ですべて解決することが得策であることなどを説明したが，K氏は「裁判でDVはなかったことを証明したい。そうすれば，妻も考えを改めるんじゃないですか」と振り出しに戻ったような主張になってしまった。

第2章 高飛車な態度をとる依頼者（自己愛性パーソナリティ障害）

弁護士の困りどころ

K氏は調停が自分の思い通りに進んでいかないために，ストレスが高まっており，次第に冷静な判断力を失っているようです。客観的な状況を無視して，自分の要求を通そうと意固地になっています。このような場合，どうすればよいのでしょうか。

▶▶▶望ましい対応

このような局面で，弁護士が自らK氏を納得させることは難しいかもれません。調停にK氏を伴わず，弁護士だけで出席していますが，むしろ調停にK氏を毎回連れていき，調停委員や裁判官の話を直に聞いてもらったほうが，良かったのではないでしょうか。弁護士から説明を聞くよりは，納得しやすいと思われます。

K氏を説得するにあたって，弁護士が法的知識と経験をもとに，「正しい方針」を振りかざして依頼者を説得しようとすると，依頼者側はますますプライドを傷つけられたと感じて，反発する可能性があります。あくまで依頼者自身に判断材料を提供する，その中で決めてもらう，という姿勢をとることが大切です。

K氏が面会交流で妥協できないのは，内心では妻に見捨てられたと感じ，傷ついていることがあるのでしょう。離婚に応じることにしたのは，妻から捨てられるのは耐え難いので，自分から捨てるかのような姿勢に転じたとも理解できます。

吉田弁護士がK氏に合理的判断をしてもらうためには，K氏の傷ついている気持ちに寄り添うよう努力も重要だと思われます。たとえば打合せの際に，K氏に子どもとの思い出を尋ね，「良いお父さんだったんですね」などとK氏の気持ちを汲んでねぎらうといった配慮をきめ細やかに続けていくことで，K氏の気持ちが和らいでいく可能性があります。

❹ 弁護士にとっての難しさと対応法

(1) 尊重し承認するスタンスをとる

　自己愛性パーソナリティ障害の人は，あからさまにせよ，さりげなくにせよ，自分が優れていることを会話の中で示すことが，しばしば見られます。K氏のように，自己紹介かと思いきや自慢話が延々と続くことも珍しくありません。そして，それに相手が感嘆することを暗に期待しています。

　自己愛性パーソナリティ障害の人が，たとえ実際に優れた能力や業績をもっているとしても，それは本人が信じているほど偉大なものではないことが普通です。針小棒大とは言わないまでも，かなり誇張された自己像を抱いています。そのため，しばらく自己愛性パーソナリティ障害の人と付き合っていると，その姿が滑稽に見えてくることすらあるのです。そして，聞いている方は辟易してしまいます。

　しかし，自己愛性パーソナリティ障害の人に対応する際の基本的スタンスは，できるだけ承認し，彼らの自尊心を守るということです。弁護士といえども，一歩下がった姿勢で接することです。

　たとえば彼らが，自分の経歴や業績，持ち物や家族について自慢めいた話を続けたとしたら，傾聴し，誉めるべきところでは誉めることが大切です。自己愛性パーソナリティ障害の人には，多くの場合，実際に人よりも優れたものがあるはずです。それを素直に受け取り，すばらしさを認めることです。

　なぜ，承認するほうがよいのでしょうか。自己愛性パーソナリティ障害の人の尊大な態度の裏には，劣等感や自信のなさが根深くひそんでいます。ダメな自分，劣った自分を認めることができないことこそが自己愛性パーソナリティ障害の人の大きな障害です。自分の劣った部分を刺激されることは，彼らの不安をかきたて，それを覆い隠すためにより一層，尊大で攻撃的な態度を強めるのです。

　そこで，できる限り，自己愛性パーソナリティ障害の依頼者のプライドを尊重することで，彼らは弁護士を信頼するようになります。彼らが「この人は，私のことを理解してくれる」と感じるようになるのです。そのよ

うにして良い関係を作っておけば，いざという時に弁護士からの助言に耳を傾けてくれやすくなります。

(2) 特別扱いの要求のすべてに応えようとしてはいけない

　自己愛性パーソナリティ障害の人は，特権意識を持っています。そこで，弁護士に対しても，「自分を特別な顧客として遇するだろう」とか，「自分の事件は他のどの仕事よりも優先して処理するはずだ」という期待を抱きます。弁護士が自分を特別扱いすることが当然だという感覚でいるので，特別扱いされないと不満を通り越して怒りを感じます。

　さらには，中立であることが当然の裁判所に対しても，特権意識が向くことがあります。訴訟や調停にまつわる手続（期日の決定，書類提出期限，発言を許される機会など）について，「重要な仕事を任されて多忙な自分には，裁判所も融通をきかせるべきだ」と考えるのです。また，調停の場面で調停委員が中立的な態度をとることに怒りを向けることもあります。「自分のほうが重要な人物なのだから，調停委員は自分の話をもっと長く聞くべきだ」と考えるのです。

　自己愛性パーソナリティ障害が求める特別扱いの要求は，無理をして応じることは避けるべきです。執務時間外の打合せをしたり，急な仕事を頼まれて唯々諾々と応じたりしていると，「この弁護士はなんでも言ったとおりにしてくれる」という認識を与えてしまうこととなり，それが当たり前のことと思われるので，その後に弁護士が実際的な理由から要求を断ると，期待を裏切られたという怒りが生じます。

　自己愛性パーソナリティ障害の人は，現実的，常識的なことは十分理解できますので，例外的な取扱いができない理由を丁寧に説明して納得を得ることはできるはずです。

　最初に弁護士が無理をしてサービスしすぎると，後から苦しくなって反動が生じ，結局安定した関係は築けないのです。

(3) 裁判所関係者に悪い印象を与えないように事前準備をする

　自己愛性パーソナリティ障害の人は，自分は正しいという自信や，相手

を徹底的に攻撃したいという欲求から，調停や訴訟の場面で自己主張をしたがる傾向があります。調停委員の前で延々と相手方への不満を述べ立てたり，証人尋問で質問への答えから逸脱して自己主張を展開したりします。そのような場面での尊大な振る舞いや一方的な自己主張は，えてして裁判官や調停委員に対して悪印象を与えます。

　たとえば家事調停の場で，妻が「夫の暴言に苦しめられていた」という主張がなされているときに，自己愛性パーソナリティ障害である夫が激しい口調で妻の落ち度をあげつらったとすれば，まさにドメスティック・バイオレンスをそこで再現していることになってしまいます。調停委員に悪印象を与えることは必至です。

　このような事態を防ごうと，弁護士が自己愛性パーソナリティ障害の人の長口舌を止めようとすれば，邪魔をされたと憤慨するリスクがあります。自己愛性パーソナリティ障害の人の裁判所における振る舞いを，弁護士としてどうコントロールすればよいのか，悩ましいところです。

　そこで弁護士としては，そのような事態が起こらないように，あらかじめ準備をしておくとよいでしょう。調停や証人尋問に依頼者が出る前に，「裁判官や調停委員に，どのような印象を与えると，あなたの主張が通りやすいか，得策か。そのためには，どういう角度から発言すべきか」を説明し，依頼者の発言を用意してもらいます。

　たとえば上述のドメスティック・バイオレンスのケースなら，調停の場で夫はむしろ自分の考えや態度について振り返り，改善しようとしている姿勢を見せたほうが，妻側からの妥協を引き出しやすいでしょう。そもそも依頼者の希望が妻との復縁だとすれば，まさにそういう態度をとることが，夫婦関係の調整に役立つはずです。そうすることが依頼者の利益になることを，弁護士としてもしっかり説明できるとよいでしょう。

(4)　和解や調停で妥協してもらうためにプライドをくすぐる

　法的紛争において自分が完全な勝利を得ること，自分は正しく，責任を問われるべきは相手方だと証明されることは，自己愛性パーソナリティ障害の人にとって，非常に重要なことだと感じられます。

第2章　高飛車な態度をとる依頼者（自己愛性パーソナリティ障害）

　自己愛性パーソナリティ障害ではない人も，法的紛争の中に巻き込まれた当初は，相手方に対する怒りや，敗訴によって何かを失うことの不安といった感情に翻弄され，冷静に物事を見ることができないことは珍しくありません。しかし，時が経つにつれて冷静になって，自分の責任も多少は認める気持ちになったり，時間と費用とをかけて争い続けることのデメリットを感じ取ったりし，多少の妥協を甘んじて受け入れて争いを収束するほうが得だという気持ちの変化が生まれます。そのタイミングで，調停や和解が成立するのです。

　ところが自己愛性パーソナリティ障害の人は，徹底して自分が正しいことを主張し続けます。たとえば離婚事件では，離婚はもちろん，親権も財産分与も，あらゆる要素において自分の主張が認められるべきだと主張するのです。なぜなら自分は絶対的に正しいし，それを相手方も認めるべきだと，固く信じているからです。

　徹底的に争い，訴訟を続けていれば完全勝訴ができる可能性のある事案なら，まだそれもよいでしょうが，勝訴の見込みが薄い場合に和解ができないとなると，弁護士としては非常に悩ましく感じます。付け加えるならば，もし訴訟に突き進んで敗訴にでもなれば，自己愛性パーソナリティ障害の人の怒りは計り知れないことも予想されるのです。

　このような信念を持つ自己愛性パーソナリティ障害の人に，どのようにして調停や和解を勧めればよいのかも，非常に難しいところです。

　このような場合，仮に和解や調停において妥協をしたとしても，自己愛性パーソナリティ障害の人たちのプライドが保てるようなレトリックを用いることが，功を奏する可能性があります。「紛争が長引けば，あなたがビジネスに集中できなくなる期間が長くなりますよ」とか，「実質的にはあなたが正しいのですが，現行法上はどうしてもあなたに不利になります。ここは割り切ったほうがよいのではないですか」などの言い方です。依頼者の責任はないと暗に示し，プライドを保ちながら，説得する方法をとるとよいのではないでしょうか。

(5) 弁護士への攻撃や批判は，個人的なものと捉えない

　自己愛性パーソナリティ障害の人は，専門職との関係に入ることを好むと言われます。専門職を雇っているということが，彼ら自身のステータスの証しとなるからです。

　「この分野で最も高名な弁護士」，「この地域でもっとも大きな事務所の弁護士」などと，自分が選んだ弁護士を理想化し，機会があれば第三者に自慢げに語ったりもしますが，心の内では「こういう弁護士に頼めるのは，自分に力があるからだ」と考えています。

　しかし弁護士が実際に動き始めると，自己愛性パーソナリティ障害の人は，逐一細かいことに注文をつけてくることもあります。相手方への交渉の進め方，準備書面の内容など，些細な事に「ダメ出し」をするかもしれません。彼らは，自分ほど能力があって物事が分かっている存在はいないと思っていて，弁護士の能力も本当のところは信用していないので，自分が「正しい」指示を出さなければうまくいかないと感じるからです。

　自己愛性パーソナリティ障害の人のこのような尊大な態度に，弁護士が不快感を抱くことは自然です。「素人のくせに，何を言っているのだ」という反発心を抱いても不思議ではありません。この章の冒頭に述べたように，弁護士自身も多少の自己愛性パーソナリティの特徴を持っていることも少なくないのですから，弁護士と依頼者との間に力を誇示しあうライバル関係が生じてしまうのです。

　ただ，弁護士としては顧客に対して一歩譲る態度をとらざるを得ないこともあります。すると，弁護士自身が「負けた」と感じ，屈辱感を抱いたり，恥の感覚を持ったりすることになります。それは強い情緒を伴って，弁護士自身が戸惑うほどである場合もあるでしょう。

　このようにして，自己愛性パーソナリティ障害の人との関係に，弁護士が情緒的に巻き込まれていくのです。それは弁護士に，通常の業務とは異なる，もっと個人的感覚としてのストレスを与えます。弁護士の専門職としてのプライドを突いてくるような攻撃をされると，自尊心が傷つき，強い心理的苦痛を感じるのです。

　そのような場合には，彼らが批判や攻撃をするのは，客観的な意味で弁

護士としてのあなたの能力に問題があることを示しているのではなく，自己愛性パーソナリティ障害の人の側の心理的な事情による攻撃であると考えることが必要です。攻撃してくる背後には，彼ら自身の自尊心の問題が横たわっています。そして彼らの心の中に，弁護士であるあなたの能力への羨望や劣等感があるからこそ，あなたを価値下げして攻撃していると理解するべきです。

　そのように捉えるならば，弁護士としての冷静な判断力を失わず，その時点での実際的な問題に話題をフォーカスしていくことができるはずです。実際的な問題の解決の見通しが示されれば，自己愛性パーソナリティ障害の依頼者の不安が和らぎ，弁護士への攻撃も収まる可能性が高いでしょう。

第3章　他者を欺き利用する依頼者（反社会性パーソナリティ障害）

1　Introduction
▶▶▶ 良心の痛みなく他者を傷つける人々

　反社会性パーソナリティ障害とは，社会的な規範やルールを守らなければならないという意識が乏しく，自分の欲求を満たすために他者を害しても，良心の呵責を覚えないというタイプのパーソナリティ障害です。

　いつの時代にも，どこの国にも，世間を驚愕させ恐怖に陥れる連続殺人犯や，異常な手段で殺人を犯す猟奇的犯罪者が，ときおり現れます。「羊たちの沈黙」という映画の中でアンソニー・ホプキンスが演じた食人鬼は，米国の実在の事件をモチーフにしています。おそらくこのような犯罪者の多くは，反社会性パーソナリティ障害と診断がつくと思われます（Hare, 1993）。

　しかし，世間的には目立たないけれど，実は反社会性パーソナリティ障害と共通する心性をもつ人々が，私たちの身近に多く存在します。派手な犯罪行為をしなくても，彼らは自分の欲求や利益を満足させるために躊躇なく家族や同僚など周りの人々から搾取したり，その心身を傷つけたりしています。家庭でのドメスティックバイオレンスや職場でのハラスメントの一部は，反社会性パーソナリティ障害の人によって行われている可能性があります。何人もの異性を誘惑し，愛情や金銭を搾取してから冷酷に別れを告げる人々や，高速道路を猛スピードで走り，他のドライバーの生命を危険に陥れている人々の一部も，反社会性パーソナリティ障害であるかもしれません。

　反社会性パーソナリティ障害の人々には，このように幅があるのですが，その本質的な特徴は共通していると捉えることができます（Stout, 2005）。

弁護士となる方の多くは，人並み以上の規範意識を持ち，人権擁護と正義の実現の重要性を，心から信じていることでしょう。反社会性パーソナリティ障害の人は，いわばその対極にある人々です。弁護士にとっては，「共感」することはおろか，「理解」することも難しいタイプと言えるかもしれません。

　なお，反社会性パーソナリティ障害という概念は，DSM-5によって採用されており，反社会的行為などの行動面を列挙した診断類型です。しかしDSMが診断基準となる以前から，精神病質やサイコパスという概念が同じようなパーソナリティを指す概念として使われていました。それらは学問的には区別される概念ですが，便宜上，本書ではほぼ同義として反社会性パーソナリティ障害，精神病質，サイコパスという言葉を使って説明したいと思います。

反社会性パーソナリティ障害の診断基準［DSM-5］
Antisocial Personality Disorder

A．他人の権利を無視し侵害する広範な様式で，15歳以降起こっており，以下のうち3つ（またはそれ以上）によって示される。
　(1) 法にかなった行動という点で社会的規範に適合しないこと。これは逮捕の原因になる行為を繰り返し行うことで示される。
　(2) 虚偽性。これは繰り返し嘘をつくこと，偽名を使うこと，または自分の利益や快楽のために人をだますことによって示される。
　(3) 衝動性，または将来の計画を立てられないこと
　(4) いらだたしさおよび攻撃性。これは身体的な喧嘩または暴力を繰り返すことによって示される。
　(5) 自分または他人の安全を考えない無謀さ
　(6) 一貫して無責任であること，これは仕事を安定して続けられない，または経済的な義務を果たさない，ということを繰り返すことによって示される。
　(7) 良心の呵責の欠如，これは他人を傷つけたり，いじめたり，または他人のものを盗んだりしたことに無関心であったり，それを正当化した

りすることによって示される。
B．その人は少なくとも18歳以上である。
C．15歳以前に発症した素行症の証拠がある。
D．反社会的な行為が起こるのは，統合失調症や双極性障害の経過中のみではない。

（日本精神神経学会（日本語版用語監修），髙橋三郎・大野裕（監訳）(2014). DSM-5 精神疾患の診断・統計マニュアル．p.650. 医学書院．）

❷ 反社会性パーソナリティ障害の特徴

(1) 規範やルールに従う姿勢がない

　反社会性パーソナリティ障害の人は，国家の法律，組織内の規則，社会の慣習など，およそ規範やルールと言われるものに従う姿勢がないということが特徴です。規範やルール違反の行為というのは，人を殺すという極めて深刻な犯罪から，昆虫をいたぶり殺すことにいたるまで，あるいは，会社の経理をごまかして多額の脱税をすることから，知人から少額ずつ借りて返さないことまで，幅広く存在します。

　「嘘つきは泥棒の始まり」と言いますが，反社会性パーソナリティ障害の人の規範を無視する姿勢は，日常の小さな嘘から世間を騒がす大きな犯罪にまで広範囲に及びます。したがって「障害」とまで診断できない場合も多いでしょうが，そのような反社会性パーソナリティの特質を持った人は少なくありません。刑法上の犯罪とならなくとも，社会の規範をすり抜けて行動することを繰り返すことが，反社会性パーソナリティ障害の第1の特徴です。

(2) 口達者で皮相的

　反社会性パーソナリティ障害の人は，話術が巧みで，魅力的に振る舞って他者の関心を惹きつけたり，説得力のある話で他者を騙すと言われています。彼らはあまりに口がうまく，その嘘に真実味があるために，騙され

てしまうのも当然と感じられるといいます。

　たとえば，自分の経歴について詐称することも平気な場合があります。持ってもいない博士号を持っているとか，英語も話せないのに留学経験があるとか，会社の経営者であるなどと語ったり，医師や弁護士の資格があると詐称し，巧みにそれを信じさせるような嘘の逸話を並べ立てることもあるでしょう。

　言語能力が巧みである反面，彼らの言葉には心がなく，皮相的だと言われています。「愛している」とか「死ぬこと」といった，一般的には強い感情的反応を伴う言葉を聞いたり使ったりしても，反社会性パーソナリティ障害の人は感情を動かすことなく，そこに特別の意味を感じないとの研究結果もあります（Hare, 1993）。

(3)　良心の呵責の欠如

　なぜ反社会性パーソナリティ障害の人は，規範に従わないのでしょうか。それは彼らが，良心の呵責を感じないからだと言われています。

　「良心の呵責」を感じないことが，反社会性パーソナリティ障害の中核的な特徴です。他者を傷つけ，搾取しても，彼らは心の痛みを感じません。その究極は，金銭を得るため，性的欲求を満たすため，あるいは人を殺すこと自体から得られる興奮と快楽のために，連続殺人を行う犯罪者です。何人もの人を殺し，血が流れるのを見ても，彼らは不安や恐怖，被害者への罪悪感を持たないのです。

　反社会性パーソナリティ障害の原因として，虐待を受けるなど過酷な被養育環境で育ったこととの関連性が見出されていますが，しかし逆に，まったく問題のない養育環境で両親の愛情を受けながら育っているにもかかわらず，反社会性パーソナリティ障害となる例も見られると言われます。近年は，良心の呵責の欠如の原因として，環境的要因よりも生物学的な要因のほうが大きいのではないかと考えられています。それについては後述します。

(4) 共感能力の欠如

　反社会性パーソナリティ障害の人は，それが家族や友人など身近な人物であろうと，他者に対する共感能力が欠如していると言われます。他者の苦しみ，痛みに無頓着であり，他者と関係を持つのはそれが自分の所有物であるとか，自分の欲求を満たしてくれるとか，自己中心的な理由によるものと言われます。他者の感情を無視しているというより，他者の感情への感受性を欠いているようです。

　また反社会性パーソナリティ障害の人は，彼ら自身の感情が浅いとも言われています。彼ら自身も，悲しみ，愛おしさ，楽しさ，辛さ，といったしみじみとした感情を感じることができないのです。彼らにあるのは，自分の利益が害された怒りか，食欲や性欲が満たされた満足，あるいは満たされない苛立ちなど，原始的な感情に限局されているようです。

　このような共感能力の欠如が，良心の呵責の欠如につながるとも考えられます。良心とは，他者を傷つけたときの心の痛みから発するものだからです。

❸ 反社会性パーソナリティ障害の原因とこころの動き

(1) 環境か遺伝か

　反社会性パーソナリティ障害の原因として，かつては被養育環境の影響だと言われてきました。実際，非行少年に典型的にみられるように，暴力やネグレクト，離別や家庭崩壊などの過酷な被養育環境は，反社会性パーソナリティ障害と診断される人の多くにみられると言われます。過酷な親によって自分の存在価値や力を認められた感覚を持てない子どもは，自分に価値や力があることを確認するために，他者をコントロールするようになると言われます。他者を欺き，搾取し，傷つけて勝利を味わうことで，彼らが自分の存在価値を感じることができるのでしょう。また別の側面では，子どもの気持ちを理解し，言葉にして返すような親ではなかったために，彼らは自分の感情を知り，それを言葉にすることが全くできず，他者

の感情を推し量るすべもなく，他者に共感することができないとも言われます。

　しかし最近の研究では，遺伝的，生物学的な要因が反社会性パーソナリティ障害においては大きな要因であると指摘されています。そして遺伝的な要因による反社会的傾向のある子どもは，親にとっては「聞き分けのない子」「可愛げのない子」であり，育てにくい子どもだと感じられます。子どもが気質的に育てにくいことが親の養育態度に影響し，聞き分けのない子どもに対する厳しい躾けが，結果として虐待的になったり，そのような子どもに対して親が愛情が感じられずにネグレクトとなったりしているのではないかとも言われています。

　つまり，「反社会性パーソナリティ障害の人の被養育環境は虐待的であることが多い」というのは，実は生来的な気質のほうが環境に影響している可能性もあるということです。

(2)　生物学的要因

　反社会性パーソナリティ障害に生物学的要因が関与しているということは，多数の実証的研究によって結果が見出されています（Gabbard, 1994, Yudofsky, 2005）。

《双生児研究》

　遺伝の要因については双生児研究が多数存在しています。ある研究では，双生児の一方が犯罪歴をもっている場合に，他方も犯罪歴を持っているという一致率を見たとき，一卵性双生児の一致率のほうが，二卵性双生児の2倍程度高いという研究結果があります。

　双生児研究や養子についての多数の研究をレビューしたものでは，環境的要因よりも遺伝的影響の方が強いという結果が見出されています。このように遺伝的要因が強いということは，反社会性パーソナリティ障害になる人には，何らかの生物学的な特徴があるということが推測されます。

《自立神経系の異常》

多くの研究から，反社会性パーソナリティ障害の人には，自律神経系の反応性が低いということが見出されています。自律神経系は危険が迫った場合の闘争—逃避反応として，脳，末梢神経，内分泌での様々な反応を起こし，危険に対処しようとします。危険が迫っていることを察知すると，自律神経系の働きにより心拍数の上昇，血圧の上昇，発汗の増加，唾液の減少など，様々な身体的反応が生じます。

ところが反社会性パーソナリティ障害の人は，危険な状況に遭遇しても，これらの自律神経系の反応が鈍いことが見出されています。これは，連続殺人者が被害者を殺害している間ですら冷静でいるということ，心拍や血圧の上昇，発汗の増加，口の渇きなどが生じないということを意味します。

《脳の異常》

脳の様々な部位がどのような精神機能を果たしているかについては，測定技術の発達によって判明しつつあります。

反社会性パーソナリティ障害の人たちは，大脳皮質の前頭葉，側頭葉の部位の活動が減退しているという研究結果があります。そして，前頭葉と側頭葉の皮質部位は，判断，抽象化，社会的技能，衝動コントロール，計画性，問題解決などの機能と関係しているとのことです。そして，これらの機能が減退していることは，法や規範を受け入れること，欲求からの衝動を抑えること等が，難しいことを示しており，良心の呵責を持たずに加害行動をするという反社会性パーソナリティ障害の特徴と合致しています。

さらに，前頭葉は共感的感情にも関連しており，それが減退していることが，他者への共感性の欠如をもたらしている可能性があります。共感性の欠如もまた，反社会性パーソナリティ障害の本質的な特徴の1つです。

事例　自己中心的な被疑者の刑事弁護

初めての接見

井上弁護士（女性，30歳）は，弁護士1年目の新人弁護士である。井

第3章　他者を欺き利用する依頼者（反社会性パーソナリティ障害）

上弁護士は，初めて当番弁護士として呼び出され，強盗致傷罪で逮捕されたＲ男（35歳，男性，消費者金融の社員）に接見することになった。逮捕されて2日目とのことだった。

　Ｒ男は犯行当時，離婚歴がある里美さん（33歳）と，里美さんの娘である結花ちゃん（8歳）とともに暮らしていたが，里美さんの父親である孝蔵さん（65歳，居酒屋店経営）に暴行を加えて反抗を抑圧し，全治2週間の頭部外傷を与えて現金30万円を奪ったとして，強盗致傷罪の被疑事実で逮捕されていた。Ｒ男は，一貫して犯行を否認していた。

　井上弁護士が初めて接見に行くと，Ｒ男は疲れた様子で現れた。しかし井上弁護士が自己紹介をすると表情が一変し，「ずいぶん若くて美人な弁護士さんですねぇ。これはラッキーだなぁ。宜しくお願いしますよ」と軽口をたたくように言った。井上弁護士は，場にそぐわないＲ男の態度に違和感と不快感をもったが，「美人」と言われて少しくすぐったい気持ちがあったことも否定できなかった。しかし，弁護士として冷静に話を聞かなければと気を取り直した。

　まずは留置場の中での健康状態などについて尋ねると，「まいってますよ。何より，一緒に暮らしていた里美や結花と離れているのが辛いですね。里美とはまだ籍は入れてなかったけど，結婚するつもりでした。結花のことも，一緒に暮らすうちに自分の娘みたいに思えてきて。なんでこうなったのかと思いますよ。里美や結花は元気でやっているんでしょうか。先生，連絡とってみてもらえませんか」と話し，涙ぐんだ。井上弁護士は，「里美さんや結花ちゃんへの愛情はあるのだな」と思った。

　次に被疑事実について尋ねると，Ｒ男は待っていましたとばかりに雄弁に語りだした。「あの日，里美の父親が話したいことがあるというので，里美の実家に行ったのは確かです。父親は，30万円あるといって札束を出して，これで里美と別れてほしいと言っていました。里美と結花と暮らし始めてもう半年になるし，あいつらの生活の面倒は自分がみていたので，自分が出した金は30万どころじゃありません

よ。それで30万はこれまでの里美たちの生活費として受け取って、別れるかどうかは里美と話し合って決めるといって、その日は帰ったんです。あの父親もそれで納得して、もう少し金を用意するからと言っていました。父親を殴った覚えはありません。自分が刑務所に入れば里美と別れると思って、父親が自作自演しているんじゃないかと思うんです」と話した。

井上弁護士はR男の話をきいて、何か男女間、家族間の争いとも関係して事情は複雑なのかもしれないと思い、R男の言い分もあるのだろうと考えた。

R男は井上弁護士のことを信頼した様子で、「先生に弁護人になってもらえませんか」と言い、井上弁護士も私選弁護人を引き受けることを承諾した。そしてR男に、「あなたが里美さんの父親の孝蔵さんに暴力を振るっていないことを、誰かに証言してもらうことができるといいのですが。ちょっと考えてみてください」と伝えた。

弁護士の困りどころ

初対面のときから、すっかりR男のペースになっています。まずR男は「美人な弁護士さん」と井上弁護士をおだてています。場にそぐわないお世辞だとしても、反社会性パーソナリティ障害の口達者ぶりに、井上弁護士は気持ちを少し揺さぶられてしまいました。

さらにR男は、「里美さんや結花ちゃんと離れて寂しい」などと話し、井上弁護士の同情心を引き出そうとしています。

そのようにして井上弁護士の気持ちを自分に引き付けたうえで、肝心の被疑事実について、「父親を殴った事実はない」と否認していますが、実はあとになってR男の説明は変化することになります。この時点で意図的に嘘をついているのです。

このように井上弁護士は、初対面の段階でR男のペースに巻き込まれ、知らず知らずのうちにR男に同情的な見方をするようになっており、いわば「騙されて」いる状態です。

▶▶▶望ましい対応

　初対面の段階でR男のパーソナリティを見抜くことは難しいでしょう。ただ，この段階でも注意深くR男の話を聞き，態度を観察していれば，違和感を持つはずです。

　まず井上弁護士も気が付いていますが，接見の場で弁護士に対して「美人だなぁ」などと軽口を叩くことは奇妙です。逮捕されて留置場にいる自分の状態について，R男はどう感じているのでしょうか。R男が反社会性パーソナリティ障害だとすれば，自分の状態についての反省はなく，将来についての見通しもできず不安にも思えないために，その場限りの皮相的な考えで動いているからこそ出た言葉だと考えられます。

　また，里美さんや結花ちゃんへの愛情や会えないことの寂しさを語る一方で，「面倒をみてやった。生活費も出してやった」と恩着せがましく語っていますが，そこには心情的な一貫性がなく不自然です。また里美さんや結花ちゃんに愛情があるのなら，里美さんの父親であり結花ちゃんの祖父である孝蔵さんのことも，大切に思うはずではないでしょうか。

　このように，被疑者の話にわずかな齟齬があり，何かしらの違和感がある場合に，弁護士として善意に解釈するのではなく，より冷静に，話の真偽を見極める姿勢を持っておくべきでしょう。井上弁護士は，心優しい，そしてまだ刑事事件の経験の乏しい新人だったために，性善説に立ってR男の話を聞いてしまったようです。しかし望ましくは，性悪説も見据えながら被疑者の話を吟味することでしょう。それは，あらゆる刑事事件について当てはまることではありますが，反社会性パーソナリティ障害の場合には，特にそれが必要です。

接見要請

　初回の接見の2日後にR男から接見要請があり，「思い出したことがあるので，来てほしい」とのことだった。井上弁護士は事件についてのことかと思い，時間を工面して接見に向かった。

「思い出したこととは何でしょう」とR男の顔をみるなり尋ねると，R男は「逮捕されたとき，車を職場の近くのコイン・パーキングに入れていたんですよ。すっかり忘れていました。料金もだいぶかさんでいると思うんで，先生，行って車を動かしてもらえないですか。鍵は警察が持ってると思いますんで」と言った。

　井上弁護士は，てっきり事件についての話だと思っていたので拍子抜けしたが，こんなことで呼び出されたと思うと，むっとする気持ちを抑えられなかった。そこで，「誰か，家族とか友達とかいるでしょう。そういう人にやってもらってください。なんなら私が連絡しますので」というと，R男はさっと表情を変え，「俺は九州の出身でね，こちらに家族なんて1人もいませんよ。友達に頼めっていうけど，逮捕されてるから車を動かしてなんて恥ずかしくて言えないに決まってるでしょうが。あんた，弁護士なのにそんなこともわからないのかよ」とすごむように言った。井上弁護士がR男の強い態度に一瞬ひるむと，R男は「先生，俺本当に困ってるんですよ。何とかお願いしますよ」と，今度は泣きつくように言うのだった。井上弁護士は，それ以上言い返せず，車を動かすことを承諾する形になってしまった。

　接見後，事務所に戻りながら井上弁護士は次第に冷静になり，「なぜ，こんなことを引き受けてしまったのだろうか」という思いが湧き，R男にしてやられたような，悔しい気持ちを感じていた。

弁護士の困りどころ

　さっそくR男は，井上弁護士を自分に都合よく利用しようとしています。刑事事件で身柄拘束されている被疑者が，「駐車場に停めてある自家用車を動かしてほしい」などという，刑事事件とは何の関係もない個人的な用件を弁護士に頼むことは，実は珍しいことではありません。その場合，弁護士としては，「それは弁護人の仕事じゃないから，できません」と断ればよいことです。

　ところがR男は，「弁護士なのに，そんなこともわからないのか」と恫

喝するように言い，井上弁護士の弁護士としての見識を攻撃すると同時に，罪悪感を持たせるという手段に出ています。R男は巧妙に，井上弁護士をコントロールしようとしているのです。

▶▶▶望ましい対応

　毅然とした態度，揺るがない態度は，こういう場面でこそ必要なものです。R男に恫喝されても，罪悪感をかきたてるようなことを言われても，井上弁護士は「それは弁護士の仕事ではありません」という態度を貫くべきでした。

　いったん，弁護士がこのような要求を受け入れてしまうと，今後，同様の要求をされたときに，断りづらくなるものです。反社会性パーソナリティ障害の被疑者は，必ずそこに付け入り，「こないだは○○をやってくれたじゃないですか。どうして今度はダメなんですか」と態度の変化を突いてくるでしょう。

　揺るがない態度，一貫性のある態度を，保つことが重要です。

アリバイ証人

　数日後，再びR男から接見要請があり，今度は「事件について話したい」とのことだった。井上弁護士はまた何かおかしな頼みごとをされるのではないかと不安に感じながらも接見に行かざるを得ない気がして，少し遅い時間だったが留置場に出かけた。

　R男は不機嫌そうな表情で接見室に入ってきて，「来るのが遅いんじゃないですか。待ちくたびれましたよ」とすねるように言った。井上弁護士は不愉快に感じたが，早く話を済ませたいという思いがまさりR男の言葉は聞き流して，「事件のことで話したいというのは，どういうことでしょう」と尋ねると，R男は得意そうな表情で話し始めた。

　「事件の日は里美の実家には父親しかいなかったと思うんですが，自分が父親と話し終わって帰るときに，玄関先で宅配便の配達の人と

すれ違ったんですよ。確か，○○社の宅配便でした。父親が荷物を受け取ったと思うんで，その宅配便の人なら，父親がそのときに怪我はしてなかったと証言してくれるんじゃないですかね。そのあと，父親が自分で頭を何かに打ち付けて傷をつけたんだと思いますよ」とのことだった。

　井上弁護士は「確かにそれは有力な証言になりそうですね」と答えたが，内心，「最近は個人情報の保護とか厳しいから，宅配便に聞いても何も話してくれないんじゃないか」と思いながらも，接見の翌日には，孝蔵さん宅の近くにある○○社の配達所を探し出して訪ねて行った。しかし案の定，個人情報の保護を理由に配達所の担当者は何も言えないと言い，事件当日，孝蔵さん宅に配達したのかさえ明らかではなかった。そこで井上弁護士は，弁護士会照会制度を使って○○社に情報開示を求めることにしたが，回答までの時間はかかりそうだった。

　数日後の接見で，井上弁護士は途中経過をＲ男に伝えると，Ｒ男はあっさりと「実はあれからよく考えたら，宅配便は○○社ではなくて△△社だったと思うんですよ。△△社のほうを調べてくださいよ」と言い，井上弁護士は唖然としたが，Ｒ男の言うとおりにするしかないとあきらめる気持ちになり，今度は△△社に対する弁護士会照会を行った。

　井上弁護士は，当初からＲ男の話の真偽について疑いを感じていたが，この時点でＲ男についてかなり疑いを感じていることを自覚した。しかし，弁護人の立場としてはＲ男の立場で弁護活動をするしかないと自分に言い聞かせていた。

弁護士の困りどころ

　井上弁護士は，すっかりＲ男に翻弄されています。少し考えれば，Ｒ男はおかしなことを言っているのです。しかし，いったんＲ男のペースにはまってしまうと，井上弁護士は逆らうことができなくなっているかのよう

です。

▶▶▶望ましい対応

　弁護士が「毅然とした態度」を始めの時点で取ることができなかったとき，ずるずると反社会性パーソナリティ障害の被疑者のペースにはまってしまうことが起こりがちです。○○社への弁護士会照会を行ったことは致し方ないとしても，R男がいとも簡単に「△△社」へと言を翻した段階で，もっとよくR男に事情を尋ね，真偽を確認する姿勢を見せるべきでした。

　「変だな」と感じたら，自分一人で引き受けず，できるだけ早く同僚や仲間に相談してみることです。第三者の冷静な意見を聞くことで，自分がいかに巻き込まれて，言うなりになっているのかに気が付くことができるでしょう。

起訴―証拠開示

　20日間の勾留期限が過ぎ，R男は強盗致傷罪で起訴され，拘置所に移された。井上弁護士は，証拠開示請求を行って一件書類に目を通したが，そこには常識では理解しがたいR男の行動が書かれており，驚きを禁じ得なかった。被害者の孝蔵さんの調書には，これまでのR男の素行について様々なことが述べられていた。

調書に記載された事実

　里美さんは前夫と数年前に離婚したのち，娘の結花ちゃん（8歳）とともに実家に身を寄せ，父親孝蔵さんと母親とともに暮らしていた。里美さんは精神的に不安定なところがあり定職についておらず，父親の孝蔵さんが営んでいる居酒屋の手伝いをする程度だったが，半年前に居酒屋の客のR男と知り合い，すぐに付き合うようになり，1か月後には結花ちゃんを連れてR男と同棲を始めた。R男は酒癖が悪く，居酒屋で他の客と喧嘩になって手を出したこともあり，孝蔵さんは里美さんがR男と付き合うことに反対していたが，里美さんはR男の言

うなりに動いている様子だった。

　孝蔵さん夫婦は、孫の結花ちゃんのことが心配になり結花ちゃんの携帯電話に電話をして様子を聞いていたが、1か月ほどすると、R男が里美さんや結花ちゃんを殴ったり、外出を禁止したり金を取り上げるなど、行動を制限していることがわかった。そのうち結花ちゃんの携帯はR男に取り上げられたようで、孝蔵さんは結花ちゃんと連絡がつかなくなった。里美さんからは時々電話がかかってくるが、「大丈夫だから」というだけで、様子はわからなかった。

　孝蔵さんは心配になって、ある日、結花ちゃんが学校から帰るところを校門で待ち、結花ちゃんに会って様子を尋ねると、結花ちゃんは「おじさんが怖い。お母さんが留守の時に、私の体を触ったりする」と話したため、孝蔵さんが驚きすぐに警察に相談すると、児童相談所に行くように言われ、児童相談所から勧められて結花ちゃんは一時保護されることになった。

　里美さんから聞いて事情を知ったR男は、孝蔵さんに対して激怒したようで、警察に「子どもを誘拐された」と電話をかけたり、児童相談所に電話をして脅迫めいたことを告げたりしていた。

　しばらくするとR男は、フェイスブックやツイッターに、孝蔵さんや里美さんを実名で名指しして、「〇〇駅前の居酒屋△△の店長は、娘の里美が子どものころに毎晩、夜の相手をさせていた。里美は精神病になって、いまでも父親の居酒屋で奴隷のように働かされている。こんな鬼畜の父親を成敗せよ」などと書き込み、孝蔵さんは常連客からの指摘でそれを知って驚愕した。

　孝蔵さんは、とにかくR男と里美さんを別れさせなければと思い、手切れ金30万円を用意してR男を自宅に呼び、里美さんと別れてほしいと土下座して頼んだところ、R男は「こんなはした金で、馬鹿にすんなよ」と興奮し、土下座している孝蔵さんの頭を足で数度にわたって蹴りつけ、孝蔵さんが動けなくなっていると、「とりあえずこの金はもらっておく」といい、30万円をもって立ち去った。

第3章　他者を欺き利用する依頼者（反社会性パーソナリティ障害）

　孝蔵さんの供述は、里美さんや結花ちゃんのほか、児童相談所などの関係者との供述とも一致しており、信用性が高いように思われた。しかも、R男の調書も孝蔵さんの供述に沿った自白がなされていた。
　井上弁護士は調書に述べられているR男の自己中心的で他者を傷つけるのもかまわないように見える行動を知って、R男のこれまでの身勝手な言動や、嘘っぽい話を得意げにする態度にも、妙に納得がいくような気がした。
　R男の弁護人としては、R男が犯行を否認する以上はそれにそって弁護方針を立てなければならないと思いながらも、孝蔵さん夫婦やまだ幼い結花ちゃんに対して同情する気持ちを抑えられなかった。
　そして今度接見に行くときには、調書に書かれていることをR男に確認しなければと考えた。

R男の言い訳

　井上弁護士は再び接見に行き、調書の内容を伝えながら、「あなたは孝蔵さんがあなたに自分から30万円を渡したと言っていましたが、孝蔵さんの調書によると、あなたは孝蔵さんの頭を数度にわたって蹴るという暴力を振るって、30万円を孝蔵さんから奪って逃げたとあります。これはどういうことなんでしょう」と、厳しい口調で尋ねた。井上弁護士は、このように問いただせば、R男が慌てて弁解めいたことをいうのではないかと予想していた。
　ところがR男は井上弁護士の話を聞きながら、まったく動揺する様子はなく、井上弁護士が話し終わるやいなや口を開いた。「あ、それは先生違いますよ。取調べでも違うと思ったんだけど、刑事や検事に丸め込まれて、いいように調書を作られてしまったんですよ。本当にそこは違うんです。そこを先生にどうにかしてほしいんですよ」と、急に泣きつくような表情で言い添えた。
　井上弁護士はやや動揺し、「どういうことでしょう」と尋ねると、R男は"待っていました"とばかりに話し始めた。「里美の父親は札束をだして、30万あるから、これで里美と別れてくれと言ったんです

よ。でも，俺は里美と別れる気はなかったし，それに，これまで里美や結花ちゃんの生活費は俺が出してたんですから，父親に『30万は，これまで出してやった生活費として受けとっておくよ』と言って受け取ったんですよ。それ，当然でしょう。もともと里美も結花も実家に転がり込んで居候してたんですから，その分の面倒を父親の代わりに俺が見てたってことになるでしょう。それなのに父親が，しつこくて，俺が帰ろうとすると，俺の足にしがみついたんですよ。動けないし，困ってしまって，相手を振り払おうと足を動かしたら，父親が勝手に転んでけがをしたみたいですよ。だから，俺が暴力を振るったわけじゃなくて，父親が勝手に転んだんですよ」と，まくしたてた。

井上弁護士は，"前に言っていたことと違うじゃないか"と思い，今度こそは騙されまい，という気持ちがよぎった。また，R男があまりにもまことしやかに言い逃れをすることに，井上弁護士は嫌悪感を覚えた。弁護士としては，被疑者の主張に沿った弁護活動をすべきなのだろうと思いながら，このような嘘を平気でつくR男のことを恐ろしくも感じ，このような気持ちで，どうやってR男に相対すればよいのだろうかと困惑していた。

弁護士の困りどころ

今度のR男の弁解は，やや厄介です。事実として完全に虚構というわけではありません。外形的事実（孝蔵さんが30万円を差し出した）については嘘をついているわけではなく，孝蔵さんの言い分とも合っています。しかし，その事実についての評価が違うのです。孝蔵さんはあくまで手切れ金として出したのであり，R男が里美さんと別れないなら，30万を渡すつもりはありませんでした。しかしR男は，「里美さんと結花ちゃんの生活費を出していたんだから，その分の費用として受け取ったのだ」と主張しています。

状況から考えてR男の解釈には無理があるのですが，R男は自分に有利なように，勝手に事実を解釈している，つまりそこに認知の歪みがあるの

です。背後には，R男の良心の呵責の欠如，罪悪感の欠如が見てとれます。

井上弁護士は，自分の倫理観とはあまりに違うR男の態度に驚きと嫌悪感を持ち，困惑しているようです。

今後の弁護方針として，R男の弁解に，どのように対処していけばよいのでしょうか。その際の心がまえはどうすればよいのでしょうか。

▶▶▶望ましい対応

普通の刑事事件であれば，被疑者／被告人は，当初は事件の原因となった被害者への感情的なもつれや，身体拘束されたことの怒りなどで，感情的になるので，事件を反省することが困難です。しかし時が経つにつれて冷静になり，自分の行動を顧みて反省するという変化が現れます。弁護人としては効果的な情状弁護を行うためにも，被告人の心情がこのように変化することを期待し，促すものです。

ところが反社会性パーソナリティ障害の人の場合は，事件後にいくら時間が経っても，自分は悪くないという主張を変えず，反省の態度を見せず（見せるとしても表面的で），弁護士として対応が難しくなります。

「反省を促す」ということについては，R男のような反社会性パーソナリティ障害の人に対して，精神面での治療を行い，正常な良心や罪悪感を持たせ，反社会的行動を思いとどまるようにさせることは，非常に困難だと言われています。ただし，ある種の条件下での長期的な治療によって，改善の余地はあるとは言われています。たとえば，反社会性パーソナリティ障害の人は，反社会的な行動によってストレスフルな気持ちを発散させてしまい，気持ちを内省することができないので，精神科的な治療としては，入院させてきつく行動を制限し，ストレスがあっても行動に移せないようにします。そうすることで，ようやくストレスを感じ，自分の内面を見つめる作業ができることになると言われています（Gabbard, 1994）。これは精神科の治療としては，費用も人員もかかり，実行するのは現実的にかなり困難なものです。それくらい，反社会性パーソナリティ障害の人の内面を本質的に変えていくことは難しいことなのです。

しかし弁護士は治療者ではなく，また刑事事件の弁護人としてかかわる

期間は，限られています。したがって，反社会性パーソナリティ障害の人に弁護士が真の意味での反省を迫り，被害者への罪悪感を持たせることは，不可能だと考えたほうがよいでしょう。そのような変化を弁護士が反社会性パーソナリティ障害の被疑者・被告人に期待してしまうと，弁護活動は困難に突き当たるでしょう。

　このような場合，弁護士として現実的に取り組むことができる目標はないのでしょうか。反社会性パーソナリティ障害の人の心情は変わらないとしても，今後，刑事事件化しない程度に社会と折り合っていくことの必要性を認識してもらうということならば，目指せる可能性があります。たとえば反社会性パーソナリティ障害の人は，自分の損得勘定には敏感なので，そこに訴えることで行動を変える可能性はあると考えられます。反省は促せなくても，「今後また刑事事件化して逮捕されるのは嫌だ」という気持ちを，弁護士と被告人とで共有できるとすれば，現在問題となっている事件について，「何をしてはいけなかったか」という認識を持ってもらうことはできるのではないでしょうか。

　R男について言えば，R男の手前勝手な事実の解釈は世間的には通用しないこと，かえって裁判官の心証を悪くして量刑が重くなること，暴力というものの帰結が，有罪判決と収監にあることは，説明として受け入れられるのではないでしょうか。

　そうした認識のもとで，R男が真実を話すようになるならよいし，それでも皮相な弁解を続けるようなら，弁護士として淡々とそれを前提とした弁護活動をするしかないでしょう。その結果，被告人に不利な判決が下ったとしても，それは弁護人としての責任の範囲外と割り切るべきでしょう。

❹ 弁護士にとっての難しさと対応法

(1) 言葉巧みな嘘にごまかされず，主張の真偽を検証する

　反社会性パーソナリティ障害の人は，とても口達者です。ごまかすため

第3章　他者を欺き利用する依頼者（反社会性パーソナリティ障害）

の咄嗟の嘘がうまく，言い逃れがうまいので，つい騙されてしまうということが起こります。咄嗟に作ったストーリーとはいえ，真偽がないまぜで，全体として信ぴょう性が高いように聞こえるのです。反社会性パーソナリティ障害の人が嘘をつくことに良心の呵責を感じないために，平然と嘘をつく態度には疑いを差しはさみにくいものです。

　そのような能力は，詐欺などの犯罪行為で発揮されたり，警察・検察の取調べに対して発揮されたりするだけでなく，自分の弁護人に対しても発揮されます。

　嘘の内容としてはまず，刑事事件では被疑事実に関わること，民事事件では要件事実に関わることなど，裁判が自分に有利に進むために役立つ嘘があります。刑事事件では，ありもしないアリバイをでっち上げ，もっともらしい態度で，アリバイ証人探しを弁護士に頼むかもしれません。民事事件では，証拠書類の偽造や，他者を脅して偽証させるなど，様々な工作をしている可能性があります。

　他に，弁護士の同情を引くために自分の境遇について嘘をつくこともあります。たとえば少年事件などで被疑者が，「父親はアル中で暴力的，母親は男と浮気をして逃げていった。子どものころから孤独だった」などと言えば，善良で誠実な弁護士は容易に「可哀想な人だ。犯罪者となったのは境遇が悪かったのだろう。誠実に温かく接するうちに，本来の素直な気持ちが表れ，反省するのではないか」などと騙されてしまうかもしれません。実際に両親に会ってみると，きわめて良識的で立派な社会生活を営み，子どもの素行不良に心を痛めているということもあります。

　反社会性パーソナリティ障害の人たちは，嘘をつくことに罪悪感を持たないし，嘘がばれたとしても恥の観念を持たないので，そういった「調べればすぐにばれる嘘」さえもつくのです。

　依頼者が反社会性パーソナリティ障害の可能性があるということを感知したならば，彼らが語るストーリーの真偽について常に検証する必要があります。依頼者が，自分の有利になることを語って自分に不利になることは語りたがらない，ということは一般的にみられることですが，反社会性パーソナリティ障害の場合は，積極的に嘘をついているという可能性があ

るので，徹底してその裏付けを求めることが必要です。

(2) 迎合せず，毅然とした揺るがない態度を保つこと

　反社会性パーソナリティ障害の人は，一見，魅力的であることが多いと言われます。どうやったら相手の気を惹くことができるのかに注意を集中し，うまく話題を選びます。「素敵な笑顔」を作って，あたかも無垢な心を持ち，たまたま何かの間違いで現在の境遇にいるかのように演じるかもしれません。しかしそれらの魅力的な振る舞いは，聞き手を自分の都合のいいように操ることを目的としていると考えるほうが妥当です。

　しかし弁護士は，基本的に「依頼者の利益になるように動くことが自分の役割」という職業的スタンスをもっていますし，性格的にも「困っている人を助けること」に生きがいを感じる傾向が強い人が多い職業です。反社会性パーソナリティ障害の人が，無垢な笑顔を浮かべながら，「困っているんです」と助けを求めたならば，弁護士として「私が何とかしてあげよう」とやる気を起こしてしまうかもしれません。しかし反社会性パーソナリティ障害の人は，ここぞとばかりに，そのような弁護士の救済願望に付け込み，「私を助けてくれると言ったんだから，これもやってくださいよ」と図々しい要求を突き付けてくることになります。要するに，弁護士を自分の利益になるように操ろうとしているのです。

　依頼者に対して，弁護士が「親切そう」だったり，「優しそう」だったり，「同情的」だったりすれば，普通の依頼者からは感謝の心を引き出し，弁護活動への協力を期待することができます。しかし残念なことに反社会性パーソナリティ障害の依頼者の場合は，「利用しやすそうな弁護士だ」という軽蔑を引き出し，軽く扱われるようになるだけです。

　したがって反社会性パーソナリティ障害の人に対しては，毅然とした態度を示すことが有効です。親切心，同情心を安易に示さず，「弁護士としてやるべき仕事を粛々と行います」といった中立的な態度を保つことです。

　彼らの嘘を見破った場合にも，責めるような態度をとるよりも，淡々と「弁護活動を有効に進めるためには，あなたが事実を述べる必要がある」ということを伝えることです。

そして，いつでも辞任する用意があること（彼らの言うなりにはならないということ）を示すことです。

こういった態度を保つことは，弁護士自身にとって大変な努力がいることです。反社会性パーソナリティ障害の人の言葉巧みな嘘，魅力的な態度に翻弄されないようにするには，よほど，自分の気持ちを強く持っていなければなりません。反社会性パーソナリティ障害の人は，弁護士の罪悪感にも付け入るかもしれません。罪悪感を振り払って中立的に振る舞うことは，弁護士にとっては相当の覚悟がいるでしょう。

しかし，たとえ反社会性パーソナリティ障害の人であっても，その利益を実質的に実現するために，弁護士が弁護士としての役割を十全に果たすためには，このような毅然とした中立的態度が必要であると理解して，それを維持することが大切です。

(3) 弁護士自身の安全の確保

暴力的な行動をする可能性がある反社会性パーソナリティ障害の人と，弁護士が1対1で会うことは，危険が伴う場合もあります。反社会性パーソナリティ障害の人は，衝動的で向こう見ずな行動に出る場合があるので，何が起こるか予測がつきません。

まずは，できる限り複数で対応することがよいでしょう。どうしても1人で会わなければならないときは，自分の安全を確保するための手段を講じる必要があります。

事務所で会う場合は，事務員や同僚がいる日中の時間帯にするほうがより安全です。面談室に非常ベルを用意しておくことも検討すべきです。もし事務所の外で会うなら，外からも見える喫茶店やレストランが，安全上よいでしょう。

第4章 魅惑的だが不可解な依頼者（演技性パーソナリティ障害）

1 Introduction ▶▶▶ 他者を魅了したい人々

　演技性パーソナリティ障害は，DSMに取り入れられる以前はヒステリーと呼ばれた精神疾患を基盤としています。日常用語でヒステリーというと，「感情的になってキーキーと騒ぐこと」といった意味で用いられますが，精神医学用語としてのヒステリーは，それと重なる部分もあるものの，後述する解離性障害や転換性障害の症状を呈することの多い精神疾患であり，その基盤にヒステリー性格があると理解されていました。

　理論的なことはさておき，ヒステリー性格と演技性パーソナリティ障害の両者には，共通する特徴，心理的特性があるのですが，大まかなイメージとして，両者の違いとしては，ヒステリー性格のほうが人格の成熟度は比較的高く，演技性パーソナリティ障害はきわめて未熟な人格，というように捉えていただくとよいでしょう。この章では，演技性パーソナリティ障害とヒステリー性格の両方を一緒に，演技性パーソナリティ障害／ヒステリー性格として説明し，特に両者が異なる部分について補足したいと思います。

　演技性パーソナリティ障害／ヒステリー性格の人は，他者から魅力的に思われたい人々です。彼らは，他者の関心を惹きつけなければ，自分には価値がなく，生き延びることすらできないと感じています。魅力的な印象を与えるために，「演技」をするのです。そして「演技」が高じると，嘘つきになってしまいます。しかも意識せずに，そうしている場合が多いのです。

　このような人たちは魅惑的ではあるのですが，じっくり付き合うと，なかなか大変なところがあります。

第4章 魅惑的だが不可解な依頼者（演技性パーソナリティ障害）

演技性パーソナリティ障害の診断基準［DSM-5］
Histrionic Personality Disorder

　過度な情動性と人の注意を引こうとする広範な様式で，成人期早期までに始まり，種々の状況で明らかになる。以下のうち5つ（またはそれ以上）によって示される。
(1) 自分が注目の的になっていない状況では楽しくない。
(2) 他者との交流は，しばしば不適切なほど性的に誘惑的な，または挑発的な行動によって特徴づけられる。
(3) 浅薄ですばやく変化する情動表出を示す。
(4) 自分への関心を引くために身体的外見を一貫して用いる。
(5) 過度に印象的だが内容がない話し方をする。
(6) 自己演劇化，芝居がかった態度，誇張した情動表現を示す。
(7) 被暗示的（すなわち，他人または環境の影響を受けやすい）
(8) 対人関係を実際以上に親密なものと思っている。

（日本精神神経学会（日本語版用語監修），髙橋三郎・大野裕（監訳）（2014）．DSM-5 精神疾患の診断・統計マニュアル．p.658. 医学書院.）

---

❷ 演技性パーソナリティ障害／ヒステリー性格の特徴

(1) 注目されたいという欲求

　演技性パーソナリティ障害／ヒステリー性格の人は，他者の注目を集めるためにいつも必死になっています。大げさな感情表現や身振りで，会話をしている相手の注意を引こうとします。また自分の外見を磨くことや，学業や趣味や仕事における達成にも努力し，自分が魅力的な存在であることを確認しようとします。そして，実際にそれを成し遂げることも少なくありません。

　他者から注目されないと，演技性パーソナリティ障害／ヒステリー性格の人は，自分にまったく価値がないような，心細い気持ちになってしまいます。そこで，他者に関心を向けてもらうために必要以上に自分を飾り立

て，さらに，目を引くような過剰な感情表現や行動をせざるを得なくなります。

　それが極端になると，注目されるために嘘をつくことすらあります。たとえば，他者から可哀想だと思われたいがために，自分の生い立ちについて嘘を語ったりします。「親から性的虐待を受けていた」などと，ドラマティックな話を作り上げて同情を買おうとするのです。しかし，本人としては嘘だという自覚はあまりないのが特徴です。自分は正しいことを言っていると信じきっている場合もあります。

　さらに，人格が未成熟な演技性パーソナリティ障害の人の場合は，「これから自殺します」などと警察に連絡したり，実際に自分を傷つけて自ら救急車を呼んだりするということもあります。それも，他者から注目され自分を気遣ってもらうための必死のあがきなのですが，端からみれば愚かで迷惑な行為にすぎません。

(2) 性的に誘惑的になる

　演技性パーソナリティ障害／ヒステリー性格の人は，自分の性的な欲望を危険なものと感じて抑えつけようとしているのですが，抑えつけているものが反動的に（知らず知らずのうちに）表現されてしまうことがあります。つまり，自分では意図的な目的を持っているわけではないのですが，知らず知らずのうちに性的に誘惑的な態度をとってしまうのです。

　あるいは，意識的に異性を性的に魅了したいと思い，意図的に誘惑的に振る舞う場合もありますが，しかし，いったん誘惑を達成してしまうと，もはやその異性への関心を失います。いずれも，異性と性的に結びつくことを求めているのではなく，自分自身の性的魅力を（それを自分の価値として感じて）確認したいがための行動なのです。

　ヒステリー性格（人格が成熟しているタイプ）の人であれば，知らず知らずのうちに性的に誘惑的になることは，むしろ奥ゆかしい色気とでも表現できる態度であり，異性にとって魅力的に感じられるでしょう。しかし，その誘惑的態度を信じてアプローチをかけると，思いがけず拒絶されて痛い目に遭います。他方，人格が未熟な演技性パーソナリティ障害の人の場合

は，もっとあからさまに誘惑的な態度に出て，実際に性的関係を結ぶかもしれませんが，その関係は持続的なものではなく，トラブルの元になっていくでしょう。

(3) 認知様式の曖昧さ（物事をおおざっぱに見る）

演技性パーソナリティ障害／ヒステリー性格の人は，物事の見方，思考の仕方，コミュニケーションのスタイルにおいて，印象に基づく大雑把な捉え方，語り方が特徴です。彼らは，根拠となる事実を丁寧に探求したり，丹念に論理を積み重ねて結論を出したりすることが苦手です。

たとえば，演技性パーソナリティ障害／ヒステリー性格の人に，ある特定の友人について尋ねたとすると，「彼女って，とても素敵なんです。性格もとてもいいんです。だからみんな，彼女のことが好きなんですよ」と語るかもしれません。魅力的な友人だということは伝わりますが，どういう特徴の人かは，全く語られていません。このような印象だけに基づく語りは，次のような事実に基づく説明と対照をなします。「彼女はとても魅力的です。顔立ちはタレントの○○によく似て美人ですし，身長も170センチ近くありスタイルも良いのです。大学のミスコンテストに出るようにと多くの友人から推薦されました。しかし性格は控えめで謙虚なので，決して出場することはありませんでした」。

演技性パーソナリティ障害／ヒステリー性格の人が，大ざっぱな印象に基づく思考や表現（認知様式）を示すのは，知りたくないこと（知れば不安になること）や，感じたくないこと（感じれば苦痛であること）が，心の表面に現れ出ないようにする心の働き，つまり「抑圧」という防衛機制によるものだと言われています。上記の例で言えば，魅力的な友人について，本心では，認めることが苦痛であるために，その特徴を認識できていないのかもしれません。

(4) 解離性障害，転換性障害

DSMにおける演技性パーソナリティ障害は，ヒステリーという疾病単位から，解離性障害，転換性障害を分離して別の疾病単位としました。し

たがって，ヒステリーと共通する演技性パーソナリティ障害の人には，これらが併発することが多くみられます。

　解離性障害とは，記憶，知覚，運動，自我同一性の統合が一時的に障害された結果生じる様々な症状を言います。多重人格として知られる解離性同一性障害や，解離性健忘（過去に起こった出来事の記憶の一部または全部が突然失われる。自分の名前すら忘れてしまうこともある），解離性遁走（自宅や仕事場から突然飛び出すが，その際に自分についての記憶を失ったり混乱したりする）などがあります。

　転換性障害とは，身体的な原因がないにも関わらず，心理的要因が身体症状に「転換」するという意味で，転換性障害と言われます。「失声」（声が出なくなる），手や足の麻痺，嗅覚や視覚の異常などがあります。

　「アルプスの少女ハイジ」という物語がありますが，主人公のハイジやクララも転換性障害や解離性障害だったかもしれません。ハイジは町で生活をしている間に，夜中に無意識で歩き回るという夢遊病になりますが，これはアルプスの山を離れた心理的ストレスから，解離性障害の症状が生じていたとみることもできます。他方，クララは怪我をしたわけでもないのに歩けないのですが，ハイジのいるアルプスの山の中で突然歩けるようになります。クララが歩けなかったのは，転換性障害としての足の麻痺だったとみることもできます。

　ハイジやクララのような障害は，現代ではあまり見られないと言われます。性的な事柄が抑圧されていた19世紀には，このような症状を伴うヒステリー性格が多かったが，現代社会では性的なことが比較的自由に表現されるので，それが少なくなっている，と言われているのです。しかし現代でも，突然声が出なくなったり，原因不明の痛みが現れたり，嗅覚や味覚がなくなったりといった身体症状が現れ，総合病院の各診療科を回って様々な検査をしても身体的原因は見つからず，最後に精神科に回されて転換性障害を診断される患者さんは少なくありません。また解離性障害については，解離性同一性障害ほど大規模な解離でなくても，一部の記憶が失われる解離性健忘は珍しくありません。これは日常的にも起こることで，何か思い出したくない辛いことは忘れてしまうという現象（失恋した時のこ

ろのことは覚えていないなど）は，経験のある方も多いでしょう。

このように，演技性パーソナリティ障害／ヒステリー性格の人は，解離性障害や転換性障害を併発することが多いと言えます。

❸ 演技性パーソナリティ障害／ヒステリー性格の原因とこころの動き

(1) 生物学的原因

演技性パーソナリティ障害／ヒステリー性格について，遺伝的な研究やその他の生物学的研究はほとんど行われていないため，生物学的原因については，ほとんど何も分かっていないと言われています。しかし，この点について将来研究が進めば，何らかの生物学的原因が見出される可能性は否定できないでしょう。

また現在でも，演技性パーソナリティ障害／ヒステリー性格の人に特徴的な気質（生来備わっている感情的な性質）として，漠然とした印象による認知が多いこと，被暗示性が高いこと，外向性などが挙げられています。遺伝的，生物学的研究によって，これらが演技性パーソナリティ障害／ヒステリー性格の生物学的原因であると実証される可能性はあると言われています（Yudofsky, 2005）。

(2) 環境的要因 〜注目を得たいのはなぜか

演技性パーソナリティ障害／ヒステリー性格の人は幼いころ，母親に関心を向けてもらい，自分の気持ちを受け止めてもらう経験が乏しかったために，母親的な愛情を求める気持ちにとらわれ，また成長してからは母親を求める気持ちを父親に向け変えて，父親の愛情を獲得することに捉われている状態だと理解されています（Gabbard, 1994）。大げさな感情表現や性的に誘惑的な態度を示すのは，父親の注意を母親から自分に向けるための努力ということができます。

また，そのような行動によって父親をめぐって母親と競争関係になるた

めに，演技性パーソナリティ障害／ヒステリー性格の人は，母親から憎まれたり，仕返しされたりするのではないかという恐れも抱いています。母親からの仕返しを避けるために，年齢よりも子どもっぽく，頼りなげに振る舞うようになります。子どものような弱い存在であれば，母親は仕返しするまでもないからです。

　もともとは実際の父親や母親に向けられていたこのような態度と心の構えは，成長してからは，周りの異性への誘惑的な態度と，同性の同僚や友人への競争心，そして仕返しを恐れて自分を弱い存在に見せる態度として表現され，続いていくのです。

　このように表面的な振る舞いや魅力で他者の注目を得ることにエネルギーを注ぐ反面で，自分を子どものように頼りない存在のままにしておくことで，演技性パーソナリティ障害／ヒステリー性格の人は，成熟した人格，仕事における達成，異性のパートナーとの相互的な深い結びつきなどを得ることができないのです。

(3)　認知の特徴と転換，解離

　演技性パーソナリティ障害／ヒステリー性格の人の特徴として，認知の仕方が大雑把で印象に捉われていることや，転換性障害や解離性障害が併発しやすいことを述べましたが，それらは次のように理解されています。

　認知が大雑把であることは，自分が経験した事実を細部にわたって把握して記憶することができないということです。事実の把握が穴だらけ，隙間だらけになる傾向があるのです。

　そのため，自分にとって心理的に苦痛をもたらす事実の部分を記憶の隙間，穴の状態にしやすくなります。つまり，「自分が知りたくないこと，覚えていたくないことは，見なかったことにする，聞かなかったことにする，忘れてしまう」という心の動きが生じやすくなるのです（これを精神分析理論では抑圧，否認の防衛機制といいます）。

　しかし，見なかったこと，聞かなかったこと，忘れてしまったことも，心の奥にはたまっているので，知らず知らずのうちに（無意識に），それが身体的な症状に転換したり，別の人格，意識状態になって解離したりする

と考えられています。

> **事　例**　魅力的なエステティシャンの自己破産事件

初回の法律相談

　A香さん（女性，30代なかば）は，インターネットで佐々木弁護士（30歳，男性）の事務所を見つけて法律相談に来た。佐々木弁護士は，司法修習を終了してすぐに独立開業したのだが，事務所のホームページに力を入れており，いかにも人柄のよさそうな佐々木弁護士の顔写真の効果もあるのか，ホームページをみて来談する依頼者は多かった。電話で法律相談を申し込んだ際には，A香さんは「ローンのことで相談したい」と話していた。

　佐々木弁護士は，A香さんの法律相談を受けるために面談室に入ったが，A香さんを見て一瞬，目を見張った。A香さんはとても綺麗な女性だった。女性らしさを強調した可愛らしい装いで，爪先にはやや目立つ色合いのネイルを施していた。挨拶する際の物腰は華やかで愛嬌があり，人を惹きつけるオーラが感じられた。佐々木弁護士は，"親や兄弟の借金についての相談なのだろうか"と想像しながら，A香さんの話を聞き始めた。

　しかしA香さんは，とても深刻そうな表情で，自分自身がお金を借りていて返せなくなっていると話し始めた。A香さんは化粧品会社のOLとして働いていたが，女性の上司との折り合いが悪く，上司からきつく注意されているうちに，通勤電車の中でパニック発作を起こすようになって会社に行けなくなり，30歳を目前に退職したという。

　退職後は休養しながら通信教育でエステティシャンの資格をとり，都内のエステサロンに2年ほど勤めたのち，数年前に貯金300万円を注ぎ込んで自由が丘の一角に小さなエステサロンを開業した。地元の主婦がほどなく顧客につき順調に営業を続けたのだが，お客が増えるにつれてバイトを雇ったり，設備投資をして室内のインテリアを高級感のあるものにしたり，地域の情報誌に広告を載せるなどしているう

ちに,「私はお金のことに疎いせいか,だんだん資金繰りが苦しくなってきて」,家賃光熱費やバイト代を払うためにカードローンなどを利用するようになった。そして「気が付いたら,300万円あまり借りていた」とのことで,最近,カード会社からの督促が頻繁にあり,困って相談に来たのだと話した。不運なことにこの半年ほど顧客も減っており,もはや店を続けることは難しいと考えているという。

　A香さんは身振りを交えながら表情豊かに話し,「店のインテリアを南欧風からアジアン・テイストに変えたら,とっても素敵になったんです」とか,「インテリアを変えたら,自由ヶ丘に住む芸能人の○○さんがお店のお客さんに来てくださって,大感激しました。○○さんて,とってもお肌がきれいなんですよ」などと話すときには生き生きとしていた。他方,カード会社からのハガキの督促が続いたあと,電話が直接かかってくるようになったために,「店の電話が鳴ると,怖くてパニックになってしまうんです」と大げさな表現で最近の苦労を語った。両親は東京都内に住んでいるが,母親と折り合いが悪いので実家にはほとんど顔を出すことはなく,経済的に頼ることはできないという。

　佐々木弁護士は,まず借金の詳細を知ろうと思い,「カード会社からの請求書などは持っていますか」「クレジットカードからの請求明細などないでしょうか」と尋ねたのだが,A香さんはいずれも持っていなかった。佐々木弁護士は,"自分で店を経営していた割には,事務的なことには疎いようだ"と不思議に思いながら,「家にはありそうですか？　探して送ってください。それをもとに,借入の詳細は私のほうで調査してみます」と伝えた。

　A香さんは帰り際,「先生みたいないい弁護士さんに出会えて,すごくラッキーでした。どうかくれぐれも,よろしくお願いします」と深々とお辞儀をした。佐々木弁護士は,"きれいな人だな"と考えていた。

第4章　魅惑的だが不可解な依頼者（演技性パーソナリティ障害）

弁護士の困りどころ

　出会いの場面では佐々木弁護士とＡ香さんは，お互いについて好印象を抱いたようです。感情表現が豊かで，魅力的なＡ香さんに，佐々木弁護士は注意を奪われているようです。他方，Ａ香さんは早くも佐々木弁護士を頼りにし始めています。しかし，そのような好印象が続くかどうかが問題です。Ａ香さんの思うとおりにものごとが動かないと，佐々木弁護士に失望し，好意が反転して悪感情を持つかもしれません。またＡ香さんも，いつでも感情的なＡ香さんにうんざりした気持ちを持つ可能性があります。

▶▶▶望ましい対応

　Ａ香さんとの関係で，後々感情的にこじれないようにするには，ビジネスライクな態度を保つことが役立ちます。困って助けを求める様子の依頼者に対し，誠実にできるだけのことをしようと心がけるのは弁護士として当たり前のことですが，そのためにも，淡々とした関係でいることが大切です。
　今のところ，佐々木弁護士の態度は弁護士としての節度をわきまえていますが，Ａ香さんの魅力に知らず知らずのうちに幻惑されつつあるようです。

弁護士の困りどころ

　Ａ香さんは，弁護士に借金の相談に来ているにもかかわらず，カード会社やクレジットカードからの請求書を持参せず，借金の詳細についても把握できていません。自分が置かれている状況，事実関係の把握が，依頼者自身も曖昧なようです。

▶▶▶望ましい対応

　Ａ香さんが事務的なことに疎いだけかもしれないですし，だからこそ店の経営がうまくいかずに借金を抱えているのかもしれません。それにしても，借金の相談に来ているのに，借金の資料を何も持っていないというの

は不可解です。

　A香さんが演技性パーソナリティ障害／ヒステリー性格だとすれば，A香さんにとって借金がある自分を直視したくない気持ちがあり，そこがスッポリ抜けてしまうのかもしれません。借金のことで弁護士に相談に来ているにもかかわらず，自分が魅力的に見える服装に気を遣う反面で，必要な資料は忘れてきてしまうのでしょう。

　請求書などの資料を忘れてきている意味をそのように理解した上で，借金をめぐる事実関係の把握は，A香さん本人の話だけではなく客観的な資料収集をして確認していく必要があるでしょう。

2回目の面談

　佐々木弁護士が，A香さんが送ってきたカードの請求書をもとに弁護士会照会をして調べてみると，A香さんのカードローンの総額は確かに300万円程度だったが，他にクレジットカードによる債務が数社あり，その総額は200万円程度あることがわかった。クレジットカードの使用先は「〇〇美容整形外科」への支払と，高級百貨店での買い物がほとんどであり，エステサロンの事業資金とは関係がなさそうだった。

　佐々木弁護士は不可解に思い，A香さんに再び事務所に来てもらうことにした。この日のA香さんは，少し暑い季節になってきたせいか露出度の高い装いで，佐々木弁護士は目のやり場に困った。

　とはいえ"事実確認をきちんとしなければ"という思いから，佐々木弁護士は，カードローンやクレジットカードの使用履歴を示しながら，「先日お話しになっていたものとは違う借入金もあるようですね。美容整形というのはどういうことでしょうか。また，タオルや雑貨にも，ずいぶんお金を使っておられるようですが。これだと，破産手続の中では浪費だとみられる可能性が高いと思いますよ」と尋ねたが，少し詰問口調になっていた。A香さんは，「知り合いの経営コンサルタントの方に，美しくなるためのエステのお店だから，オーナー自身

第4章　魅惑的だが不可解な依頼者（演技性パーソナリティ障害）

が自分を磨くことが必要だと言われたんです。それにタオルや雑貨の高級感を出したら，お客様層が変わってきました。全部，お店の経営のために使ったお金なんです」と説明したが，そのうちに，A香さんの目からみるみるうちに涙がこぼれ出てきた。

　そしてしばらく嗚咽していたが，次第に嗚咽の声がぜいぜいと息苦しそうになってきた。佐々木弁護士は驚いて，「どうしました？　ご気分でも悪いんですか」と尋ねると，A香さんは途切れ途切れに「過……呼吸……です。しばらく……したら治る……と思います」と言って，口にハンカチをあてていた。佐々木弁護士は動転してA香さんのそばに駆け寄り「大丈夫ですか」と声をかけると，A香さんは佐々木弁護士の腕にすがり，苦しそうな呼吸を続けた。佐々木弁護士は戸惑いながらもA香さんの手を振り払うこともできず，じっとしていた。A香さんは5分ほどすると落ち着いたようだった。

　佐々木弁護士は，「私の配慮が足りず，言い過ぎたようで申しわけありませんでした。とにかく，債務の詳細を確認しなくてはいけませんので，お話しを聞かせてください」となるべく優しく聞こえるように伝えた。佐々木弁護士は，"この人には強く言ってはダメなんだな"と考えていた。

　佐々木弁護士が，カードローンやクレジットカードの使用履歴の項目を1つひとつ示しながら，「これは何に使ったものか覚えていますか」と尋ねると，A香さんは店の出納帳を見ながら説明しようとするのだが，いつ，何に，どの程度の金額を使ったのか，曖昧なところが多かった。

　美容整形について説明を求めると，「最初は，奥二重のまぶたが気になって美容整形に相談に行ったのです。そしたら，先生がとても良い方で，私のことをいろいろと考えてくださって，『エステサロンでしたら，あなた自身が美しくなることが1番の営業です』とアドバイスしてくださって，でも，1つ直すと，全体のバランスとか気になってしまって，先生ももう少しここを直したらバランスいいですよとおっしゃいましたし……」とのことで，結局，A香さん自身もどの部

分を，いつどのように手術をしたかわからなくなっているようだった。
　次に，「ヨーロッパ製の高級クリスタルグラス」や「高級タオル」について尋ねると，「それは経営コンサルタントに言われたのです。店に置いてある小物のクオリティで，お店のクオリティが決まるんですよと言われて，そうなのかと思ったのです」と説明するのだった。
　佐々木弁護士は，あまりにも無頓着なお金の使い方に内心苛立ちを覚えながらも，とにかく1つひとつ確認するしかないと聞き続けた。A香さんの記憶があまりにも曖昧なことに戸惑っていたが，A香さんが事業資金だという説明も，一理あるのだろうかと思わなくもなかった。

弁護士の困りどころ

　佐々木弁護士がA香さんに強い口調で，「浪費だとみられる可能性が高いですよ」と詰め寄ると，A香さんは過呼吸（過換気症候群）を起こしてしまいました。佐々木弁護士は，突然のことに驚き，どうしてよいか戸惑っています。

▶▶▶望ましい対応

　過呼吸は過呼吸症候群または過換気症候群といい，身体疾患が原因ではなく，不安，緊張などにより起こすと言われています。発作的に過度に頻回の呼吸を起こして，本人の意思では制御できなくなるものです。強い不安や緊張を伴います。過呼吸によって血中の二酸化炭素が少なくなり，息苦しさ，窒息感，呼吸困難が生じます。
　治療として，紙袋を口に当てて再呼吸させたり，長く息をとめてゆっくりと呼吸させたりすると，改善効果があると言われています。
　A香さんの過呼吸も，心理的なストレスで生じているものです。落ち着いて対応し，ゆっくり呼吸するように伝えるとよいでしょう。この場面での佐々木弁護士は，やや動転しているようですし，A香さんは意識しているかどうかはともかく，少し誘惑的な態度をとっています。

過呼吸は，心理的ストレスが生じる場面を避けるための対処法の1つとみることもできます。それによって周りの人をコントロールし，優しい対応を引き出すことができるので，いわゆる疾病利得があるのです。弁護士として，それに自覚的になる必要があるでしょう。過呼吸を起こす可能性があるとしても，弁護士として尋ねるべきこと，言うべきことは，淡々と伝え，対応し，過度に保護的にならないようにすべきです。
　また何度も過呼吸が続くようなら，心療内科や精神科の受診を勧め，服薬やカウンセリングによる治療で別途対応してもらうことも役立つと思われます。

弁護士の困りどころ

　佐々木弁護士は，A香さんの「美容整形の費用も事業資金だった」という弁解を受け入れてしまったようですが，それでよかったのでしょうか。その後の破産手続は，スムーズに進むでしょうか。

▶▶▶望ましい対応

　美容整形の費用が，エステサロンの事業資金と言えるかどうかには，かなり微妙な問題があるはずです。A香さんの整形は数回に及んでいますが，本当は自らの美しくなりたいという願望のために過ぎなかった可能性があることは，常識的にみてわかることです。だとすれば，破産手続が始まってから，破産管財人からこの点について厳しく追及される可能性があります。そうなると，A香さんはより窮地に立たされます。
　後になって破産管財人に厳しく追及されるよりも，佐々木弁護士は，A香さんの弁解が通用するものかどうかもっと吟味し，冷静な態度で，「事業資金として認められるかどうかはわかりませんよ」と告げておくべきだったと言えます。

破産管財人との打合せ

　A香さんの曖昧な説明，資料の不足などいろいろあったが，やっと

のことで佐々木弁護士は破産申立書一式を作成して裁判所に提出した。
　それから佐々木弁護士は，Ａ香さんにメールで「まずは破産管財人と面談することになります。管財人は，債務の内容についてあなたに聞いて，免責事由があるかどうかを検討することになります」と知らせた。Ａ香さんからは「はい，まいります」と短い返事が届いた。
　破産管財人の審尋の日が近づいてきた。佐々木弁護士は破産管財人への説明に際して，浪費ではないということを強調する必要があると思い，Ａ香さんに電話でそれを伝えようと考えて何度かかけてみたが，Ａ香さんは電話に出なかった。そして１度，Ａ香さんから着信があったが，佐々木弁護士が出ても何も声が聞こえず，そのまま切れてしまった。"携帯電話のミスタッチでかかった電話かもしれない"と佐々木弁護士は考えた。
　その後メールをしても返信がなくどうしたのかと気になっているうちに，審尋の前日になってＡ香さんからメールがあり，「しばらく前から声が出なくなってしまいました。病院に行ったら失声だと言われました。精神的なものだそうです。明日，審尋に行っても何もお話しできないと思うので，延期してもらえないでしょうか」との内容だった。
　佐々木弁護士は，失声という病気を聞いたこともなく驚いたが，とにかく大変だと考えながら裁判所に大急ぎで審尋期日の延期願いを提出し，Ａ香さんには「期日は延期しました。心配しないで静養なさってください」とメールで返信した。しかし，"声が出ないなら出ないで，もっと早く言ってくれたら，こんなに慌てなくてすむのに"といぶかしく思っていた。
　期日は１か月延期となり，10日ほどするとＡ香さんから佐々木弁護士に電話がかかってきて，「ご迷惑をおかけしました。声は出るようになりました」との話だった。佐々木弁護士はほっとして，次回の審尋は大丈夫だろうと考えた。ところが次の審尋の前日，またもやＡ香さんからメールがきて「３日前からまた声が出なくなりました。とても辛いので，先生だけで管財人に会いに行っていただけないですか。

第4章　魅惑的だが不可解な依頼者（演技性パーソナリティ障害）

お任せします」との内容だった。

　佐々木弁護士は目を疑い、"仮病なんじゃないか？　裁判所に行くのが嫌なだけなんじゃないのか。自分で破産したいと言い出して、どういうことなんだ。自分のことなんだから、自分で責任とるべきだろう"と、怒りの気持ちが湧いてきた。仕方なく裁判所には、再度の期日延期願いを申し出たが、書記官にも嫌味を言われ、佐々木弁護士はますます怒りの気持ちが強まってきた。

　数日後、Ａ香さんから失声が治ったと電話がかかってきたが、佐々木弁護士の怒りの気持ちは続いており、また「３度目の延期は、できないぞ」という思いから、「はっきり申し上げますが、管財人との面談を延期するほど、管財人の心証は悪くなっていきます。これでは、免責不許可になって少額管財事件にもならないかもしれません。だいたい、美容整形が事業資金なんて、そもそも無理があるんですよ。もっと誠実にやってくれないと、破産なんてできませんよ。次回は必ず出席してください」と強い口調で伝えた。

　Ａ香さんは最初は黙って聞いていたが、「そんなこと、今頃おっしゃるなんて、ひどいです。先生だけは、私の味方になってくださると思っていたのに、あんまりです」と甲高い声で言い出した。佐々木弁護士は余計に苛立ち、「感情的になられても困ります。私は弁護士として、お伝えすべきことを言っているだけです」といったが、佐々木弁護士自身、感情的になっていた。その後は、Ａ香さんは寡黙になり、佐々木弁護士の話を聞いているだけだった。

　翌日、再延期した管財人との面談日が決まり、佐々木弁護士がＡ香さんにメールで伝えると、Ａ香さんから返信があったが、そこには、「佐々木先生にはこれ以上ご迷惑をおかけしたくないので、友人から紹介された弁護士の〇〇先生にご相談に行くことにしました。次回の期日には佐々木先生はいらっしゃらなくて大丈夫です。いろいろお世話になりました」と書いてあった。佐々木弁護士は唖然とするほかなかった。

第Ⅱ部　パーソナリティ障害の類型と対応法

弁護士の困りどころ

　A香さんの声が出なくなったというのは，「失声」という転換症状が出たからです。佐々木弁護士はわけが分からないものの，何か大変なことのような気がして審尋期日の延期を求めましたが，再びA香さんは失声になってしまいました。

　失声とは，心理的原因によって声が出せなくなることで，演技性パーソナリティ障害／ヒステリー性格に伴うことが多い症状です。

　声によるコミュニケーションができなくなるという実際的不便があり，この症状によって社会生活に支障が出て困るはずですが，むしろ支障が生じることによって，心理的苦痛を生じるような社会的場面を避けることができると理解することができます。

▶▶▶望ましい対応

　A香さんは，破産管財人に会う日が近づくと失声になることから，破産管財人と会うというストレスが失声という症状の心理的原因になっていると推測されます。そして失声によって，破産管財人と会う日を延ばすという疾病利得を得ています。

　このような失声に対しても，過呼吸同様，弁護士が動揺して依頼者に対して過度に保護的になってしまうことは，かえって症状を助長する可能性があります。声が出ないといっても，会って筆談することは可能ですし，メールでやり取りすることもできます。失声に惑わされることなく粛々と手続を進めるほうがよいと考えられます。そう考えるなら，佐々木弁護士は審尋を延期する必要はなかったでしょう。

弁護士の困りどころ

　A香さんの失声のために破産管財人との打ち合わせを2度にわたり延期したことで，佐々木弁護士は，当初のA香さんへの同情的な気持ちが，次第に怒りの気持ちに変わってしまい，A香さんに対して感情的になってしまいました。そしてA香さんも，そのような佐々木弁護士の態度に対して，

感情的に反発しています。

　このような感情的なもつれが生じれば，当然，弁護士―依頼者関係は難しくなってしまいます。A香さんが佐々木弁護士を突然解任したのは，佐々木弁護士からみれば失礼な話ですが，こうなってしまうと仕方がなかったのかもしれません。

▶▶▶望ましい対応

　演技性パーソナリティ障害／ヒステリー性格の人との関係で，このように感情的なもつれが生じるのは，よくあることです。彼ら自身が，浅薄な感情に振り回され，またその感情を大げさに表現するので，周りにいる人は巻き込まれやすいのです。

　A香さんとの付き合いの最初の時点では，佐々木弁護士はA香さんの魅力的な外見や，頼りなげで困っている様子に気持ちを惹き付けられ，親切に優しく接しようと心がけました。A香さんの過呼吸，失声という症状は，そのような佐々木弁護士の気持ちを強め，実際に打合せ期日の延期などの行動をとらせることになりましたが，結果的にみれば，佐々木弁護士はA香さんに行動をコントロールされているのです。

　パーソナリティ障害の人に対する対応法として共通して言えることですが，弁護士として依頼者のペースに巻き込まれないように，気持ちの距離を当初からとることが必要だったのでしょう。A香さんに，「この弁護士さんなら，私に優しく接してくれる」という期待を抱かせないほうが，スムーズに進めることができたはずです。

　A香さんは，他者との感情的な事柄に気持ちを向けやすく，実際的なことに取り組むことができていません。佐々木弁護士に対しては自分の魅力をアピールして好かれたいと考えていますし，破産管財人のことは「責められるかもしれない」と不合理に恐れています。そうやって感情にとらわれているために，破産手続を進めることに支障が生じているのです。

　弁護士としては，そのようなA香さんの感情的な様子に反応せず，A香さんとともに手続を進めることに集中する態度を維持することが大切です。過呼吸や失声にも冷静に淡々と対応し，手続はなるべく予定どおり進めた

ほうがよいでしょう。そのような態度を見て演技性パーソナリティ障害／ヒステリー性格の人は、少し白けた寂しい気持ちがするかもしれませんが、だからこそ現実的に振る舞うことができるのです。

　また具体的には、破産申立ての前に、事業資金などの問題について、「管財人は私よりもっと厳しいですよ」と話し、A香さんに心の準備をしてもらうことが役立ったのではないでしょうか。

❹ 弁護士にとっての難しさと対応

(1) 丁寧な事実確認の必要性

　演技性パーソナリティ障害／ヒステリー性格の人は、すでに述べたように、物事の認知の仕方が大雑把で、大まかな印象しか把握していません。そして、自分に都合の悪いこと、心理的に苦痛をもたらすことは、見なかったこと、聞かなかったことにしたり、すっかり忘れてしまうという心のメカニズムが生じやすい特徴があります。そのため、弁護士が受任した事件の詳細を尋ねても、あいまいな答えしか返ってこないことが多いのです。

　演技性パーソナリティ障害／ヒステリー性格の人が、事件の事実関係について、あいまいで辻褄の合わないことを語ったり、客観的事実と照合すれば嘘とわかることを語ったりすると、弁護士は驚き、あきれてしまうでしょう。「本当のことを言ってください」と直接的に言いたくなるかもしれません。

　しかし、そのような弁護士の態度は、依頼者にとって強いストレスとなります。自分が弁護士から否定され、価値がない存在と思われている、と感じるからです。その結果、依頼者が感情的になり、弁護士─依頼者関係がこじれる可能性もあります。

　そのような場合の対応として、まずは依頼者本人が意図的にごまかしたり、嘘をついたりしているわけではないことを思い出すことが必要です。演技性パーソナリティ障害／ヒステリー性格の人は、「自分自身も騙され

ている」のです (Eddy, 2005)。

　そして，弁護士が依頼者とともに，依頼者も見落としている事実を探求していくという姿勢をとるほうが，円滑に事実の確認を進めていくことができます。依頼者が語る事実関係について，客観的な証拠となるものを確認し，証拠に基づき依頼者の記憶を再度たどり，穴になっている，あるいは歪曲されている事実関係を確認していく作業を行う，という姿勢がよいと思われます。

(2) 症状の出現と対応

　演技性パーソナリティ障害／ヒステリー性格の特徴として転換性障害が伴いやすいことはすでに述べましたが，そのような症状は，依頼者にとってストレスや心理的苦痛が生じる状況において出現することがあります。たとえば，弁護士が依頼者に，依頼者にとって不利な事柄についての事情聴取をしている最中に，過呼吸発作が起こるかもしれません。あるいは，裁判所での本人尋問が近づいたころに，突然声が出なくなったり，耳が聞こえなかったりという症状を訴える可能性もあります。

　声が出なくなったり，身体の一部に痛みや麻痺を訴えたり，過呼吸発作を起こしたり，といった症状が依頼者に現れるとき，弁護士は，初めのうちは戸惑い心配したとしても，やがて「わざとらしい」「嘘っぽいな」などと不愉快な感覚を抱くようになります。嘲るような気持ちになるかもしれません。

　しかしこの場合も，依頼者がそのような症状のある振りをしているのだと捉えるべきではありません。症状の背景に，何らかの心理的ストレスがあるのだと理解しつつも，淡々とした態度でいたほうがよいでしょう。

　このような場合に，逆に弁護士が過度に心配したり，依頼者に対して同情的になってしまうと，「疾病利得」が生じ，より身体症状が治らなくなってしまいます。依頼者は，病気でいたほうが得だということになってしまうので，その点にも気を付けるべきでしょう。

(3) 弁護士との関係がこじれないようにするためには

　外見的な魅力があって，しかし法律的なトラブルを抱えて心細げで，時折，誘惑的な態度を見せる女性の依頼者と，強くて優しい男性弁護士の組合せは，まるで何かのテレビドラマのようです。演技性パーソナリティ障害／ヒステリー性格の依頼者は，現実の弁護士との関係をそのようなドラマティックなものにしたいという無意識の願望を抱いています。演技性パーソナリティ障害／ヒステリー性格の人は，自分を弱い存在，他者からのフォローがないとやっていけない人間だと思っているので，そのようにして弁護士の力強い援助を得ることが，生き延びるために必須だと感じているのです。

　もし弁護士が，そのような依頼者の態度に接したならば，「この事件を，私がなんとかしなければ」と考えることもあるでしょう。しかし依頼者との間でそのような関係性，つまり，弱者VSスーパーヒーローのような関係性にはまり込むことは，危険です。なぜなら，どれほど有能な弁護士であっても依頼者が望むことを全てかなえることはできないのが法律実務の現実だからです。法的紛争には依頼者側の全面的な勝利にならない可能性が常にあります。さらに弁護士は多数の事件を平行して引き受けていて1つの事件に注げるエネルギーは限られています。ですから依頼者に対する情緒的な支えを弁護士が行うことは時間的にも限界があります。

　そのような理由で，演技性パーソナリティ障害／ヒステリー性格の依頼者の期待する「スーパーヒーロー」の役割を，弁護士が引き受けないことが大切です。依頼者があなたを頼りがいある存在と理想化したとしても，淡々とした素気ない態度をとって，依頼者の幻想に水を差すべきです。

　そうすることによって，依頼者─弁護士の関係を現実的なものに保つことができます。依頼者の抱く期待，ファンタジーの登場人物に，弁護士がなってしまってはいけないのです。あくまで，淡々とした現実的な態度を保つことで，長期的によい関係を維持することができます。

第5章 猜疑心の強い依頼者（妄想性パーソナリティ障害）

1 Introduction
▶▶▶ 疑い深く「好訴的」な人々

　妄想性パーソナリティ障害は，「好訴的」であると言われます。「好訴的」とは，訴訟を起こすことが多いということです。妄想性パーソナリティ障害の人はしばしば，相隣関係で隣人を訴えたり，パワーハラスメントだと上司を訴えたり，浮気をしているからと配偶者を訴えたりするのです。したがって，弁護士が妄想性パーソナリティ障害の依頼者に出会う確率は，かなり高いと言えるでしょう。

　「好訴的」を文字通りに読むと「訴えることを好む」という意味になります。しかし，妄想性パーソナリティ障害の人は，「訴訟は楽しくて好きだなぁ」と思って訴えるわけではありません。争うこと自体が好きなわけではないのです。彼らは「周りの敵の攻撃から自分の身を守るためには，訴訟を起こしてでも断固闘うしかない」という悲壮な気持ちで，法的な紛争に入っていくのです。

　そのように，訴訟を起こさざるを得ないという，妄想性パーソナリティ障害の特徴とはどのようなものでしょうか。

第Ⅱ部　パーソナリティ障害の類型と対応法

妄想性パーソナリティ障害の診断基準 [DSM-5]
Paranoid Personality Disorder

A．他人の動機を悪意あるものと解釈するといった，広範な不信と疑い深さが成人期早期までに始まり，種々の状況で明らかになる。以下のうち4つ（またはそれ以上）によって示される。

　(1) 十分な根拠もないのに，他人が自分を利用する，危害を与える，またはだますという疑いを持つ。
　(2) 友人または仲間の誠実さや信頼を不当に疑い，それに心を奪われている。
　(3) 情報が自分に不利に用いられるという根拠のない恐れのために，他人に秘密を打ち明けたがらない。
　(4) 悪意のない言葉や出来事の中に，自分をけなす，または脅す意味が隠されていると読む。
　(5) 恨みをいだき続ける（つまり，侮辱されたこと，傷つけられたこと，または軽蔑されたことを許さない）。
　(6) 自分の性格または評判に対して他人にはわからないような攻撃を感じ取り，すぐに怒って反応する，または逆襲する。
　(7) 配偶者または性的伴侶の貞節に対して，繰り返し道理に合わない疑念を持つ。

B．統合失調症，「双極性障害または抑うつ障害，精神病性の特徴を伴う」，または他の精神病性障害の経過中にのみ起こるものではなく，他の医学的疾患の生理学的作用によるものでもない。

（日本精神神経学会（日本語版用語監修），髙橋三郎・大野裕（監訳）（2014）. DSM-5 精神疾患の診断・統計マニュアル. p.639-640. 医学書院.）

---

❷ 妄想性パーソナリティ障害の特徴

(1) 猜疑心と他者への不信感

　妄想性パーソナリティ障害の中心となる特徴は，猜疑心と他者への不信感の強さです。彼らは，他人が自分のことをだまし，害を与え，搾取する

のではないかと，常に疑っています。たとえば，隣人が境界にある垣根の剪定をしていると「見通しをよくして，我が家を覗き込もうとしている」と疑ったり，営業部の同僚から顧客のことを聞かれると「自分の顧客を奪おうとしている」と考えたりします。また，家族という身近な人に対しても疑いを向けるので，夫の出張が続くと「浮気をしているのではないか」と疑ったり，父親と兄弟が親しくしているのを見ると「兄（弟）にだけ財産を分けて，自分には残さないつもりではないか」などと疑ったりします。

　妄想性パーソナリティ障害の人が猜疑心や不信感を持つきっかけには，必ずしも客観的な証拠は必要ありません。些細で一見関連性のない事柄から，他者の悪意を強く疑います。たとえば，妄想性パーソナリティ障害である妻は，夫が海外旅行のお土産に香水を買ってきたことに対し，「浮気相手から香水の匂いが移って浮気がばれないように，私にも同じ香水を使わせようとしているのではないか」と疑ってしまう，という具合です。

　このように，妄想性パーソナリティ障害の人は，常に他者に騙されて被害を受けるのではないかと疑っているので，実際に他者との間でちょっとしたトラブルが生じると，そこに他者の悪意を読み込み，「自分を陥れようとしている」と信じ，他者との闘いの火蓋を切ります。そして闘いがエスカレートすると法的手段に訴えることも辞さないため，妄想性パーソナリティ障害の人は「好訴的」と言われるわけです。

　ところで，妄想性パーソナリティ障害の例としてよく挙げられるのは，スターリンです。スターリンは，卓越した政治力によって旧ソビエト連邦の最高権力者となりましたが，自身の権力を守るために多くの政敵を粛清したことで知られています。スターリンは強い猜疑心を持っていたと言われており，自分に忠誠を尽くす側近でさえも信じられず，次々と粛清したのです。また，自分が暗殺されることを恐れて，毎晩，寝る部屋を変えるほどだったそうです。

　スターリンの他にヒトラーも妄想性パーソナリティ障害だったと言われており，独裁者と言われる歴史的人物に多いと言われています（岡田，2004）。独裁者として権力を掌握するためには，周囲に対する強い警戒心をもって慎重に判断し，用心深く行動する資質が大いに役に立ちます。そ

れは，危機的な状況にある国家を生き延びさせるために必要な，リーダーシップの必須要素とも言えるでしょう。しかし，そのような人物が最高権力者の地位についた後には，妄想性パーソナリティの特徴は，自分の地位を狙う人たちへの警戒心，猜疑心として発現し，疑いを持った対象を抹殺するという手段に出るのです。

(2) 妄想性パーソナリティ障害における"妄想"の性質

妄想性パーソナリティ障害の「妄想」とは，宇宙人が電波を送ってくる，などの非現実的で荒唐無稽な妄想のことではありません。その点で統合失調症に見られる妄想とは異なっています。妄想性パーソナリティ障害を持つ人は，現実に起こった事実を正確に知覚しているのですが，その意味についての判断が歪められています（Gabbard, 1994）。

たとえば，同僚が自分の顧客を奪おうとしているという疑いを持つ人は，同僚が旅行の土産の菓子を配るために自分のデスクの側に近付いて来たことをもって，「パソコンのパスワードを盗み見ようとしたのだ」と考えるかもしれません。「同僚が菓子をもってデスクのそばに来た」ことは事実であり，その知覚は正しいのです。しかし，その意味が歪められて誤って理解されているわけです。

(3) 自分の情報を秘密にしたがる

妄想性パーソナリティ障害を持つ人は，自分についての情報が人に知られると，情報を悪用され，自分に害を与えるのではないかという恐れを抱いています。そのため，個人的な情報ができるだけ他者に知られないように警戒しています。妄想性パーソナリティ障害を持つ人に，出身地や出身校，現在の居住地などを，世間話として何気なく尋ねたとすれば，彼らは「自分の何を探ろうとしているのだろうか？」と訝しく思い，「いや，別に」などと答えをごまかそうとするでしょう。たとえ他者が，彼らに純粋に好意を感じ，人となりを知ろうとして個人的なことを尋ねたとしても，彼らはそこに好意や親しみを見出すのではなく，他者が彼らを侮辱したり，嘲笑したりする種を見つけようとしているのだと感じ，かたくなに自分に

ついて語ることを拒むのです。

(4) 執拗な恨みを抱くこと

　妄想性パーソナリティ障害の人は，侮辱された，傷つけられたと感じたときに，相手に対する強い恨みを抱き，それを執念深く覚えているという特徴があります。恨みを抱かれる側としては，些細なことであっても悪意に取られ，しかもそれについて何年も恨まれるのは，たまったものではないでしょうが，妄想性パーソナリティ障害の人からみると，それほど彼らが「傷つきやすい」ということでもあります。強い怒りと攻撃性の背後には，極度に敏感で傷つきやすい心があり，一度傷つくとその傷は容易に癒えないのです。しかし自覚的には，傷ついた心の痛みよりもむしろ，「悪意を向けられている。迫害されている」という認識に置き換わります。そうして長年にわたり，傷つけた相手への恨みが続くことになるのです。

❸ 妄想性パーソナリティ障害の原因とこころの動き

　妄想性パーソナリティ障害の人は，なぜ，上記のような強い猜疑心にとらわれているのでしょうか。こころの中では，どのようなことが起きているのでしょうか。また，なぜ，そのようなパーソナリティが形作られてきたのでしょうか。

　妄想性パーソナリティ障害の人は，生まれながらの気質として，外からの刺激に対し過敏で，それに激しく反応する傾向があることが，実証的な研究から見出されています。そのような気質的な特徴と環境との相互作用は，妄想性パーソナリティ障害を形作っていきます（McWilliams, 1994）。たとえば，それは次のような過程をたどります。

　妄想性パーソナリティ障害になりうる人は，幼い子どものころ，神経質で過敏な気質のゆえに空腹，室温の高低などによる不快感，お母さんがすぐに抱っこしてくれない不満などへの刺激に対して，過敏に反応して泣いたり，癇癪を起こしたりし，周りの大人の手を焼かせていた可能性があり

ます。そのような扱いにくい子どもに対し，親は苛立って叱ったり，罵ったり，無視したり，といった拒絶的で攻撃的な反応をしがちです。また，気質が遺伝的なものであることから，親自身も，神経質で過敏なために，過敏で騒ぎ立てる子どもに，親自身が過敏に反応して苛立ち，怒鳴りつけ，屈辱的な言葉を投げつけて言うことを聞かせようとするのだと考えられます。

このような環境で育つうちに，子どもの中に強い恐怖と恥の感覚が生まれ，「外の世界は，いつも自分を攻撃したり，屈辱を与えたりするのだ」という信念を持つようになります。外界からの攻撃と侮辱を受けないように，常に用心しなくてはいけなくなり，そのために周りに対して警戒のアンテナを張りめぐらせるようになります。そうして，強い猜疑心を特徴とする妄想性パーソナリティ障害が形作られるのです。

また妄想性パーソナリティ障害の人は，強い恐怖と恥の感覚にさいなまれながら成長していくため，こころの根底では自分自身を「劣った存在，恥ずべき存在」だと感じていますが（Gabbard, 1994），それはあまり意識されず，「悪いのは自分ではなく他者である」と考えています。自分が劣った存在であると感じることはあまりにも辛いことであるため，自分のこころから排除して他者に押し付けるという，こころのメカニズムが働いているのです（これを精神分析理論では「投影」といいます）。

このような成り立ちのこころを持った妄想性パーソナリティ障害の人は，他者との関係のなかで猜疑心と攻撃の悪循環に陥りやすいのです。

事例　妻の不貞行為を疑う夫のケース

山田弁護士は40歳の男性弁護士である。弁護士になって以来，いわゆる町弁として一般民事事件を多く手掛けている。数年前にイソ弁として世話になっていた事務所から独立し，一人で法律事務所を構えた。離婚事件の経験は豊富だったが，ある初老の男性から受けた夫婦関係の相談には，わけがわからず困惑することになった。

第5章 猜疑心の強い依頼者（妄想性パーソナリティ障害）

最初の法律相談

　知人から紹介されたといって山田弁護士の事務所に法律相談に来た60代の男性は，名前をＧと名乗った。Ｇ氏は，ボソボソとした声で堅苦しい話し方をする，とっつきにくい印象の初老の男性だった。40年近く勤めた会社を2年前に定年退職したという。妻の名前は「洋子」とのことだった。

　名刺交換をすると，Ｇ氏はぎょっとしたように名刺を見つめて，「山田先生ですか。ご兄弟はおられますか。ご兄弟はひょっとして，陶芸をなさっていませんか」と尋ねたので，山田弁護士は"変なことを聞くな"と思いながら，「私には妹しかいません。陶芸はやったことはありませんねぇ」と答えると，Ｇ氏はほっとしたような様子だった。

　Ｇ氏は，「半年ほど前から，ある男性が妻に言い寄っていたが，1か月前から男女の関係になっている。この前は2人で一緒に旅行に行ったようだ。妻は誘惑されているだけであり，相手の男が言い寄ってくるのを止めなければならないが，法的な手段で男を止めるにはどうすればよいか」という相談だった。

　Ｇ氏の妻は50代半ばで，Ｇ夫妻には息子が1人いるが，今は地方の大学に進学して家を出ているという。妻の相手の男というのは，カルチャーセンターの陶芸サークルで知り合った60代の男性とのことだった。Ｇ氏は急に声を潜めて「男の名前は，山田というんです」と言ったので，山田弁護士はようやく，さっき兄弟とか陶芸のことを聞かれたのは，何か関係があると思われたのだと気が付いたが，"そんな偶然，あるはずもないのに，不思議な人だ"と思った。

　山田弁護士がＧ氏に，「奥様とその男性が男女関係にあるという証拠になるものはありますか」と尋ねると，Ｇ氏は「はい，これです」とやや分厚い手帳を取り出した。その手帳には，3か月ほど前からの妻の行動が細かく記されていた。

メモの内容

「5月10日　陶芸教室の日。ベージュのワンピースを着て出かけた。汚れてもよい服と言っていたのに理由は何か」

「6月3日　夜、洋子の携帯に電話あり。相手の声が少し聞こえた。やはり男性。あの男だろう」

「7月2日　陶芸教室の旅行へ出発。佐賀へと。新宿駅まで送っていくと、やはりあの男が来ていた。私の顔を見ると売店のほうに逃げていった」

「7月3日　洋子帰宅。スカートをはいている。私の不安は的中したようだ」

　山田弁護士は、なぜこれらが妻の洋子さんと男との不貞行為の証拠になるとG氏が考えているのか不可解に思った。また不思議なことにG氏は、妻に対してはほとんど恨みがましいことを言わず、もっぱら相手の男性が悪いのだと信じ込んでいるようだった。そのため、離婚などは全く考えていないのだという。

　そこでG氏に、「不貞行為の相手に対して、慰謝料請求することはできますが、訴訟にするには明確な証拠が必要です。たとえば、奥様と男性がホテルに入る写真とか、男女関係があることがわかるメールとか、そういったものがあればよいのですが。それは入手できますか？」と尋ねると、G氏は神妙な面持ちで「やってみます」と言い、山田弁護士の話をメモに書き込んでいた。

　山田弁護士は、「では、また証拠が見つかったらご相談にいらしてください」と伝えてその日の法律相談を終えた。山田弁護士は、"なんだか妙な人だった。もう来ないといいが" と内心考えていた。

弁護士の困りどころ

　山田弁護士は、G氏の話が事実かどうかを疑っているのですが、それを

第5章　猜疑心の強い依頼者（妄想性パーソナリティ障害）

はっきりと確かめようとはしていません。G氏の硬い態度，今にも怒りだすのではないかと感じさせる雰囲気に，山田弁護士は知らぬうちに圧倒され，弁護士として聞くべきことが聞けていないのです。その結果，G氏の話がどこまで現実的なことなのかの確認ができずに，曖昧な認識のままにその場しのぎの対応をしているようです。

▶▶▶望ましい対応

　まず，G氏のメモの内容の各々について，具体的に尋ねてみることが必要です。なぜ洋子さんの服装や男性からの電話が，洋子さんの不貞行為の理由になるのかと聞いてみるとよいでしょう。その理由は，弁護士として納得がいくものではないかもしれませんが，まずは依頼者がどのような認識・考えでいるのか十分に聴くことが，依頼者が求めていることを把握するために必要となるはずです。

　依頼者に詳しく尋ねることによって，弁護士として「見立て」を行うことができます。見立てには，法的評価と依頼者のパーソナリティの特徴の把握との2つの側面があります。すなわち，詳しく尋ねることで，まずG氏による説明の内容や語り方をじっくり見ることができ，不貞行為の信ぴょう性を弁護士として客観的に査定することができます。そして，説明の内容に合理性がないにもかかわらず，G氏が不貞行為を信じている様子だとすれば，「不貞行為は依頼者自身の妄想である可能性が高い。また，この依頼者には妄想的になるというパーソナリティ特徴があるかもしれない」という判断ができます。つまり，法的問題についての見立てと，依頼者のパーソナリティについての見立ての両方を行うことができるのです。

　G氏に確認した結果，G氏がこのメモだけで十分，不貞行為の証拠になると信じているとわかったら，「このメモだけでは，証拠とするのは無理です」とはっきり言ったほうが良かったでしょう。G氏が気分を害する可能性はありますが，その時には，裁判手続において証拠がどの程度重要なものか，一般的に不貞行為の証拠としてどのようなものが提出されるかなどを，丁寧に説明するしかありません。

　もしG氏が，「このメモだけで十分に証拠になるはずだ」と頑迷に言い

張るとしたら,「それでしたら見解が違うのでお引き受けできないですね」と伝えることが,弁護士として誠実な対応と言えるでしょう。

この段階で山田弁護士は,G氏が言っていることを「妄想ではないか」と薄々感じながら,そこを確かめることに臆病になって,場当たり的な対応をしているようです。このような弁護士の姿勢は,依頼者への対応の一貫性を欠くことになり,後々,妄想性パーソナリティ障害の依頼者に不信感と疑惑を生じさせる種になります。

妻が監禁されているとの相談

ところがその半年後,再びG氏が急な法律相談を求めて山田弁護士に連絡してきた。その日のうちに会いたいとのことで,夕方5時に面談が設定された。G氏は,以前会ったときよりやつれた様子で,「妻が浮気相手の男性の家に監禁されています。昨日,妻は実家の母親の様子を見てくるといって出かけましたが,夜になっても帰りませんでした。携帯電話にかけても連絡がとれず,実家にも電話をしましたが通じませんでした。きっと男が妻を連れ出して監禁しているのだと思います。近くの警察に行きましたが,警察が妻の携帯に電話をかけたところ妻は実家にいると言っていました。携帯電話だったら,本当は妻がどこにいるかなんて,わからないじゃないですか。しかし警察はそれ以上調べてくれなかったので,先生にご相談に来ました」と話した。

山田弁護士は「監禁」と聞いて驚き,常識的に考えてあり得ないだろうと思ったが,まずは事実を確認しようと思い,G氏に「とにかく奥さんにもう一度電話してみてください」とその場で電話をかけさせた。すると妻自身が電話に出て,監禁を否定している様子だった。山田弁護士は電話を替わって妻に,「私はご主人から法律相談を受けているものです。ご主人は,あなたが陶芸サークルの知人の方に監禁されているのではないかと大変心配されているのですが,本当に大丈夫ですか?」と尋ねると,G氏の妻は「そんなことはありません。私は

実家に戻っております。いろいろ事情があって離婚したいと主人に話して家を出ております。監禁などされていないと，主人に言ってください」と落ち着いた声で話したので，山田弁護士は妻の言うことのほうが正しいのではないかと思った。

電話を切ってから，G氏に，「奥様は本当に監禁されているのでしょうか。奥様と話した感じでは，やはりあなたの思い過ごしのように思われますが」というと，G氏は納得せず，「いい加減なこと言わないでください。妻に何かあったらどうするつもりだ。妻は男に脅されて，本当のことが言えないでいるかもしれないじゃないか」と強い口調で言った。

山田弁護士はG氏の剣幕に驚き，また，"変なことに巻き込まれてしまったな"と戸惑ったが，確かに妻の安全が第一だろうと思い，「そうですね。それではとにかく，奥様が本当に実家にいるかどうか確かめましょう」と言い，今度は妻の実家に電話をすると，母親と同居しているという妻の姉が出た。弁護士を名乗って事情を話すと，「妹は今は外出していますが，昨日，実家に帰ってきました。離婚を考えて家を出てきたようです」と話した。

妻だけでなく妻の姉も，妻が離婚を考えて実家に帰っただけだと言っていることがわかり，G氏も監禁ではないと納得したようだったが，G氏は安心したというより，むしろ落胆した様子であった。ただ山田弁護士としては，G氏の妻が監禁されているわけではないと確認できてほっとしていた。G氏に，「監禁ではないということですし，奥様は離婚について考えておられるようなので，また何かご相談があるときにご連絡ください」と伝えて，G氏に帰ってもらった。

弁護士の困りどころ

今回，G氏は「監禁」などという大げさなことを言い出したので，さすがに山田弁護士も「これは変だ。本当に監禁なのか」と強い疑いを持ちました。そして，最後は自ら電話をして監禁が事実かどうかを尋ねるという

直接的な行動に出ています。

　山田弁護士が，監禁が事実でないことを確認したことはよいのですが，そこでＧ氏との面談を打ち切ってしまったことは，問題となりそうです。山田弁護士はやはり，Ｇ氏を「非常識なことを言う厄介な人」と感じ，早々にお引き取り願いたいと考え，いわば「追い返した」のでしょう。思い込みの激しいＧ氏を，山田弁護士はここでも遠ざける対応をしていますが，Ｇ氏が，妻が離婚を考えていると知って落胆した様子は気に留めなかったようです。

　確かにＧ氏は，一方的な思い込みが強く，怒りっぽく攻撃的なのですが，妻との関係について深く傷ついている部分があることは，弁護士として認識しておくとよいでしょう。妻が陶芸サークルという自分の知らない世界を持ち，そこで楽しそうに過ごしていることに，Ｇ氏は寂しさを感じていたのかもしれません。その寂しさが高じて，「男性と浮気をしている」という妄想になっていることを，読み取ることもできます。もとはといえば，Ｇ氏が妻にもっと自分と一緒にいてほしいという思いから発しているのですが，Ｇ氏の猜疑心のためにかえって妻を遠ざける結果になっています。

▶▶▶望ましい対応

　山田弁護士は，どうしてもＧ氏を怪しみ，無意識的に遠ざけたいという気持ちから場当たり的でおざなりな対応になったのですが，本当はもっと丁寧に対応し，気持ちを汲み取ることで，Ｇ氏をサポートすることができる可能性があります。

　妻は離婚を求めているということなので，Ｇ氏はそれを聞いて今後どうしたいか，また，一般的に今後どのようなことが予想できるか（妻から離婚調停が申し立てられる可能性，その後の離婚裁判の可能性など），逆に夫婦関係を元に戻すことを求めてＧ氏側から調停を起こすこともできることなど，弁護士として話すべきこともあるのではないかと思います。

　「もともと監禁の相談だったのだから，夫婦関係のことまで尋ねる必要はない」という弁護士としての考えもあり得るでしょう。しかし，法律相談において依頼者の真のニーズを把握することは，一般的にも重要なこと

です。ここで一歩踏み込んで，G氏の真のニーズ，言い換えれば，G氏は本当は何に困っているのかを，弁護士として考え，尋ねてみてもよかったでしょう。

調停の申立て

　2か月後，再び山田弁護士のもとにG氏がやってきた。家庭裁判所から離婚調停の呼出状が送られてきたとのことだった。G氏は今では，妻が浮気相手の男性に「洗脳されて」調停を申し立てたという考えを持っていた。

　G氏は，妻から家裁に提出された「事情説明書」の書面を持参していた。「事情説明書」に妻は，「結婚以来，毎日のように行動を監視されているような状態が続き，外出先や会う相手を必ず伝えなければならなかった。それでも息子が家にいる間はさほど気にならなかったが，息子が一人暮らしをするために家を出てからは，ますます夫が自分を監視するようになり，精神的に苦痛になっていた。外出して気分転換をしたいために1年ほど前から陶芸教室に通っていたが，そこに何人か男性メンバーがいることを知ると，浮気をしているのではないかとしきりに疑うようになった。半年前から特定のある男性との関係を強く疑いはじめ，どれほど否定しても信じてくれず，責められ続けた」と書かれていた。

　山田弁護士がG氏に，「奥様は日常的に監視されたり束縛されたりしていたと感じておられたようですが」と尋ねてみると，G氏は「これは妻が洗脳されて書かされたもので事実ではありません」とかたくなだった。そしてなお，離婚はしたくない，妻を洗脳から解き放す必要がある，と言い張った。

　山田弁護士はこれまでのやり取りから，G氏を受任すると厄介なことになりそうだと思い，「調停ならご自分だけで出席してお話しすれば大丈夫だと思いますよ。弁護士をつけると費用もかかりますし，ご自身で行ってはどうでしょうか」と伝えてみた。しかしG氏は，「調

停で妻を洗脳から救い出し，家に連れ戻すには，弁護士さんのお力が必要だと思っております」と言うのだった。
　山田弁護士は内心「洗脳」などあり得ないと思った。また，ここまで思い込むことは妄想というものではないかとの考えも生まれてきた。受任すれば厄介なことになりそうだという思いもあったが，ひょっとして調停の場で妻の言い分を聞くことでG氏の妻の浮気に関する独特の思い込みが解消されれば，夫婦関係調整の方向もあり得るのではないかと考え，受任することにした。

弁護士の困りどころ

　ここでは，妄想的な主張のある依頼者の求めに応じて，受任してよいのか，また，受任するとしたら，どのような態度でいればよいのかという問題があります。

▶▶▶望ましい対応

　「離婚は絶対にあり得ない」という主張を依頼者が曲げないのであれば，調停は不成立になるだけなので，弁護士がついていく意味はないと言えます。しかし，もし依頼者が「夫婦関係における自分の態度を反省して復縁したい」という気持ちになるのなら，弁護士が調停に行く意味はあるでしょう。本件のG氏の場合，表面的には「妻は男に洗脳されて，たぶらかされて，離婚したいと言っている」という猜疑心からの妄想が語られていますが，G氏の求めていることは妻との復縁であると捉えれば，調停事件として受任する意味があるでしょう。妻側の言い分を含めて，G氏として態度を改める必要があることを伝えるなど，依頼者が求めることを実現するサポートができる可能性はあります。
　問題は，受任するとしても，弁護士として何をすればよいのかということです。G氏は，自分の問題を弁護士なら何とかしてくれるのではないかという万能的な期待を持っている可能性があります。弁護士として，「それが実現できない場合もある」と明確にせずに，曖昧な態度のまま何とな

第5章 猜疑心の強い依頼者（妄想性パーソナリティ障害）

く受任してしまうと，その万能的期待がそのままになり，あとになってG氏は「裏切られた，騙された」と感じる可能性があります。弁護士としては，G氏の妄想を言う態度に怖さを感じたり，それを否定するとどうなるのかという怖さがあって，なかなか明確に言えない気持ちもあるのでしょうが，受任するにあたっては，弁護士として現実的なことを伝える必要があります。たとえば，「奥様の不貞行為を強く主張したら，余計に妻側の気持ちはこじれて，夫婦関係を修復することは難しくなりますよ」などということを伝えなくてはいけないでしょう。ただし，一度伝えたからといって，G氏が納得するのは難しいので，機会があるたびに，時間をかけて何度か伝えていく必要があります。またその過程で，G氏の辛い気持ち（妻に家出をされた寂しさ，それ以前の，退職より社会的地位を失った寂しさなど）も汲み取りながら，信頼関係を作っていく作業が必要とされるでしょう。

調停で

　調停では調停委員の勧めにより，まず同席調停となった。調停委員から意向をきかれたG氏は，「妻は山田何某と不貞をしておりますが，山田に騙されていることに気づいて家に戻ってくるなら，全部水に流そうと思います」と神妙な顔で述べた。

　それを聞いた妻は，「不貞などしておりません。すべて主人の妄想です。このような妄想に苦しめられてきましたので，夫婦としてやっていけないと思います。離婚したいと思っています」と冷静に述べた。その瞬間，G氏はひどく動揺した様子だったが，何も言わなかった。

　調停委員からG氏に，「申立人はあなたの妄想ではないかと言っていますが，不貞行為の証拠となるものはありますか」というと，G氏は例のメモ帳を取り出して説明を始めた。しかし案の定，調停委員は納得する様子はなく，「このメモはあなたが考えたことであって，証拠とは言えないんじゃないですかね。あなたの思い過ごしという可能性はないですか」と尋ねると，G氏は「思い過ごしとは失礼じゃないですか。妻が山田と不貞をしていることは明らかなんです。妻は山田

に洗脳されているんです」と興奮気味で言い始めた。

　山田弁護士は，このままではまずいと思い，「まあＧさん，落ち着いてください。調停は話合いの場ですからね。あなたの意見はもう伝わっていますから」とＧ氏をなだめるように言い，調停委員に向かって「申立人に戻ってきてほしいという気持ちが強くて，いろいろ思いが出てきてしまうようなのですが，できれば夫婦関係調整の方向でこちらは望んでおります」とその場を収めるように言った。Ｇ氏は黙って聞いていたが，険しい表情のままだった。

　その後，同席ではなく申立人と相手方が別々に調停委員と話すことになったが，妻側はこれまでの夫婦関係でもＧ氏の猜疑心で苦しんでいたとの話を主にしていたようだった。山田弁護士は調停委員に「今日の申立人のお話を前提に，こちらとしても，これまでの夫婦関係について考えたいと思いますので，もう一度期日を入れていただけないでしょうか」と伝えて，一回目の調停は終了した。

　調停後，山田弁護士はＧ氏に「少し事務所で，次回以降の調停についてご相談しましょう」と言い，一緒に事務所に戻ってきた。山田弁護士としては，Ｇ氏が妻側の主張を受け入れ，反省して態度を改めるということを調停で言わなければ，調停は不成立になることをはっきり伝えるしかないと考えていた。山田弁護士は，「このまま奥様が浮気をしていると言い続けていても，奥様はますます離婚を主張するだろうし，仮に調停が不調になれば奥様から離婚訴訟を起こされる可能性もあります」と話を始めた。

　Ｇ氏は山田弁護士の話を聞きながら，窺うような視線を山田弁護士に向けていたが，唐突に，「山田先生は，やはり妻の浮気相手の山田と親戚だったのですね。山田に頼まれて，私の弁護を引き受けたのでしょう。私と妻を離婚させて，山田が妻と結婚できるように頼まれているのですね。私の妻でなくても，他にも女性はたくさんいるじゃないですか。なぜ私から妻を奪うのですか」と言い出した。

　突如身に覚えのないことを疑われて，山田弁護士はひどく驚いた。「いえ，全くの誤解ですよ」と言ってみたが，Ｇ氏の表情は険しいま

まだった。山田弁護士はいったいこの疑いをどうやって晴らせばよいのか，途方に暮れる思いがした。

弁護士の困りどころ

　弁護士に対して，依頼者の猜疑心と妄想が向けられた場合，驚きと，ぞっとする気持ちが沸き上がることでしょう。「いや，違いますよ，誤解ですよ」と，激しく否定したい衝動にかられるかもしれません。さらに，依頼者がひどく病的で，理解の範囲を超える存在と感じられ，「どうすることもできないのだから，早く縁を切るしかない」との思いに駆られるかもしれません。このような場合，どう対応したらよいでしょうか。

▶▶▶望ましい対応

　まず，こちらが感情をこめて強い口調で否定したとしても，あまり効果はないと思われます。感情的な対応は，かえって依頼者の不安や苛立ちを喚起し，猜疑心と妄想を強める危険性があります。

　時間はかかるでしょうが，誤解を解くためにすべき当然のこと，すなわち，事実を具体的に示して「それは誤解です」と言い続けるしかありません。山田弁護士は，自分は陶芸教室の山田とは縁もゆかりもないということを，繰り返し伝えることです。

　その際に淡々と冷静な態度を保つことが原則的に必要ですが，ときにはユーモアを用いることも効果があるかもしれません。こちらの余裕ある態度は，妄想性パーソナリティ障害の人の不安を和らげる効果があります。

　依頼者の猜疑心の根底には危機感と不安感があることを意識しながら，根気強く，その不安を和らげるためにできることをしていくことが，弁護士として適切に事件を進めるための地ならしとなります。妄想的な考えを否定すれば，もちろん依頼者は怒るでしょう。しかし，依頼者も心の底では不安のままでいたくはないのです。「弁護士が誠実に自分に話している」と感じるなら不安は軽減し，次第に耳を傾けるはずです。地ならしは地味で時間のかかることと覚悟して，根気強く誠実に取り組む必要がある

のです。

弁護士にとっての難しさと対応法

(1) 妄想的な主張は、真摯に事実確認をする

　妄想性パーソナリティ障害の人は、十分な根拠がないのに他者から被害を受けていると主張します。G氏は、妻の洋子さんの服装の変化や、男性からの電話、男性を含むメンバーで旅行に行ったという、些細な事実をもとに妻の不貞行為を疑っています。

　弁護士として、証拠もなく確信が持てない事実関係について、弁護活動を行うのは難しいところです。立証できる可能性が皆無に近いのに、依頼者の言うままに主張していくことは、かえって依頼者の利益を損ないます。

　このような主張を、弁護士としてどう取り扱えばよいのでしょうか。

　妄想性パーソナリティ障害の人に対し、妄想自体を否定したり、修正したりしようとすることは、あまり効果がありません。そのような態度は妄想性パーソナリティ障害の人に、「この弁護士は私を拒絶している」としか感じさせないでしょう。

　妄想を頭から否定してかかるのではなく、それを1つの主張として尊重する態度をとったうえで、弁護士として疑問に思うことを率直に尋ね、根拠を確認し、納得できなければさらに具体的に尋ねるという過程をふむことが必要です。

　そのような過程の結果、妄想が自然に変化していく可能性もあります。また妄想自体は変わらなくても、弁護士が依頼者の考えを丁寧に聴いていく過程を経ることによって、依頼者が「この弁護士は自分の言うことをきちんと聴こうとしている」という安心感を持つでしょう。

　そのような丁寧な過程を経たのちに、弁護士から「あなたのお考えは分かったが、裁判所で法的に主張するには証拠が足りないと評価されることが予想されます」と率直に伝えれば、依頼者も納得しやすいと言えます。

　それでも納得しなかったら、「考えが違うのですから受任は難しい」と

伝えるほかありません。弁護士としてやるべきことを行った上なら，それは致し方ないと言えます。

(2) 法的手続・事件の進め方を丁寧に説明して不信感を軽減する

　妄想性パーソナリティ障害の人は他者に対して強い不信感を持っているため，弁護士が依頼者との信頼関係を築いて協力して事件を進めていくことが困難です。

　まず妄想性パーソナリティ障害の人は，自分の個人情報を他者に知られると悪用されるのではないかという不安をもっているため，自分についての情報をできるだけ隠そうとします。弁護士としては，受任事件を適切に進めるために，できる限り依頼者から事件についての幅広い情報を得る必要があるのに，妄想性パーソナリティ障害の人が依頼者である場合，話を聞き出すのに苦労することになります。

　たとえば陳述書の作成の際には，信用性を高めるために事情を細かく聞いて記載することが通常ですが，妄想性パーソナリティ障害の人にとっては，事細かに事情を聞かれることは脅威に感じるかもしれません。

　また，裁判所関係の手続が一般の人には慣れないことであるために，妄想性パーソナリティ障害の人はその1つひとつに不信感を抱きがちです。たとえば裁判の弁論期日では一見，裁判官と弁護士が何をやっているのかわかりにくいため，自分が知らないところで自分の不利なことが行われているではないかと疑う可能性もあります。

　弁護士としては，いちいち疑いの目を向けられることは，仕事がやりにくくて仕方がないという感覚を持つでしょう。妄想性パーソナリティ障害の人の不信感をかわして，少しでも仕事をやりやすくするには，どうすればよいのでしょうか。

　妄想性パーソナリティ障害の人の不信感を和らげるためには，自分の意図をはっきりと伝えることが必要と言われています（Lelord & André, 1996）。弁護士として，どういう目的で，これから何を行おうとしているのか，正確な情報を伝えることが役に立ちます。

　妄想性パーソナリティ障害の人の事件を受任するときには，事件の進行

に関連する決まり事や手続，予想される結果のバリエーションなどをあらかじめ正確に伝えておくことが，特に重要となります。具体的には，弁護士報酬の額や請求方法，依頼者の負担となる費用の見込み（印紙代，交通費，コピー代など），今後の法的手続の概略，敗訴など依頼者に不利な結果が生じる可能性などは伝えるべきです。

もしそれらが曖昧に，または不正確な情報を含んだものとして伝えられると，それがきっかけとなって妄想性パーソナリティ障害の依頼者の猜疑心が発動するからです。最初に丁寧に，弁護士として事件を進めていく上での決まり事や手続を伝え，当然のことですが，それを弁護士として遵守することが必要になります。

また実際に訴訟提起をしてからは，準備書面や陳述書の作成にあたって依頼者に頻繁にドラフトを見せ，修正する場合は理由を説明して修正箇所を具体的に示すといった心配りも役立つでしょう。

妄想性パーソナリティ障害の人には，物事の動きを彼ら自身が把握し，コントロールできているという感覚を持てることが，安心感につながり，不信感を軽減することができるのです。

(3) 依頼者と距離を置かないよう心がける

妄想性パーソナリティ障害の依頼者は，決して付き合いやすい人ではありません。付き合えば付き合うほど，猜疑的になって何か言われそうで怖いとも感じるでしょう。

また妄想性パーソナリティ障害の人は警戒心が強いために，細かな事柄にも注意を張り巡らせています。ちょっとした相手方の動向（誰かと会った，何かを売った，どこかに引っ越したなど，事件と直接関係がなさそうなこと）についても，その裏の意味を疑い，メールや電話で弁護士に連絡し，何か対応してほしいと主張してくるでしょう。弁護士にとっては，要求がましい態度と感じられるかもしれません。すると弁護士の心に，「この依頼者は，何かあったら弁護士懲戒を申し立てるのではないか」という思いが湧くかもしれません。つまり，弁護士自身が依頼者に対して猜疑的・被害的になるという現象が起きるのです。

そこで弁護士は，依頼者との打ち合わせの回数をなるべく減らそうと考え，「会ってお話しするほどでもないと思うので，メールでご相談しましょう」などと対応しがちになります。あるいはメールでやり取りするにしても，依頼者から長いメールが頻回に来ると，「返事を書くのが面倒だな」と感じてつい返事を1週間も放置するかもしれません。

しかし弁護士がこのように依頼者との接触を避けて距離をとるならば，依頼者はそのことに猜疑心を向けるようになります。「自分の事件を真面目にやる気がないのではないか」といった程度の疑いから始まり，「相手方やその弁護士と通謀して，自分に不利になることを仕組んでいるのではないか」といった被害妄想にまで飛躍するかもしれません。

したがって，妄想性パーソナリティ障害の依頼者に対しては，むしろ密に連絡をとり，接触の回数を増やすほうが良いと言えます。そうやって距離を近づけることでお互いの気心が少しずつ分かってくると，妄想性パーソナリティ障害の依頼者の生真面目さ，熱心さが，事件進行の助けになる面もあると感じることもできるでしょう。

ただその場合でも，依頼者に際限なく付き合うのではなく，「打ち合わせは1時間で切り上げる」，「一日に複数のメールが送られてきたとしても，返信は翌日に1通だけにする」など，弁護士の側が自分なりのルールを作り，そのルールに沿って規則的に対応していくことです。弁護士がいつも同じようなペースで対応することがわかれば，妄想性パーソナリティ障害の依頼者に安心感をもたらし，警戒心をやわらげることができます。

(4) 妄想的な考えを変えようとせず，妄想に基づく危険な行動を変えるよう働きかけること

妄想性パーソナリティ障害の依頼者は，悪いのは自分ではなく相手であるという信念を抱き，相手に対して激しい敵意を向けるので，時として危険な行動に及ぶ場合があります。嫉妬妄想にかられて，浮気相手に暴力を振るうとか，隣家から嫌がらせをされていると信じて，隣家の所有物に器物損壊を行ってしまう可能性もあります。

そのような危険な行動に及ぶ可能性があるとき，弁護士としては「それ

は,あなたの思い込みではないでしょうか」などと,依頼者の猜疑心を説得によって変化させようとしても,それは難しいことです。無理に説得しようとすれば,自分を否定されたように感じて,むしろ弁護士に対する不信感が生じるかもしれません。

　そのような場合は,依頼者が猜疑心にかられて「行動」しないように働きかけることのほうが有効です。たとえば,妄想性パーソナリティ障害の人は法律や規則に忠実であることが多いので,違法な行為に及んだ場合にどのような法的ペナルティが課されるのかを正確に告げることとともに,もしも相手方に報復したいならば法的な手段に訴えることもできると伝えることができます。妄想性パーソナリティ障害の人は,現実的な考え方を理解できないわけではないので,「行動」に伴うリスクを十分に説明することが有効であると考えられます。

　ただ,もしも妄想性パーソナリティ障害の依頼者の危険な行動が弁護士であるあなた自身に向く可能性があると感じたら,依頼者との受任関係の維持よりも,身の安全を守ることを最優先として,警察など関係諸機関と連絡をとるべきでしょう。

(5)　弁護士に猜疑心を向けられたときの対応

　妄想性パーソナリティ障害の依頼者が,弁護士に対して猜疑的になり,敵意を向けることも珍しくありません。それは突如として起こり,弁護士をぞっとさせることになります。ある日,依頼者との打ち合わせのために会議室に入ると,きつい目をしてこちらを睨んでいる依頼者の表情をみて,何が起こったのかと驚きます。そして依頼者は,「先生は,相手方の弁護士と同じ大学の出身だそうですね。だからこれまで,私に不利だと信じ込ませて,訴訟を取り下げさせようとしていたんですね」などと,思いもよらないことを言い出すかもしれません。

　弁護士であるあなた自身に対してあらぬ疑いを向け,責め立てる場合には,まず落ち着いて静かに話をすることが大切です。妄想性パーソナリティ障害の人は,事実を正しく認識する能力が損なわれているわけではないので,まず単純に,事実を告げるということが必要です。上記の場面で

は,「相手方の弁護士が私と同じ大学だとは,私は全く知りませんでした。同じ大学かもしれませんが,この事件をお引き受けする以前には,全く面識はありませんでした」と伝え,たとえば年齢が違うので在学中に知り合う機会はないはずだ,など,淡々と客観的な事実を伝え続ける努力をしていくと,いつか猜疑心が静まって,「思い過ごしだったのかもしれない」と考え直す時期がきます。

　逆に決してやってはいけないことは,妄想性パーソナリティ障害の人と口論をしたり,感情的になってきつい言葉を言ったり(「そんなに人が信用できないなんて,あなたの考え方がおかしい」など),相手が反撃されたと受け取るような言動を,弁護士が感情にまかせてやってしまうことです。そのような反撃は,妄想性パーソナリティ障害の人に弁護士から「侮辱された」と感じさせ,より事態を悪化させることになる可能性があります。

第6章 ひとりでは何もできない依頼者（依存性パーソナリティ障害）

1 Introduction ▶▶▶ 頼りすぎる人々

「頼れる弁護士」という言い方は，一般的には弁護士にとっての誉め言葉でしょう。依頼者が弁護士に頼ることは，当然のことです。依存性パーソナリティ障害の人も弁護士に頼ります。しかし，依存性パーソナリティ障害の人が弁護士を頼り始めると，際限がなくなるかもしれません。

弁護士が「代理人」である以上，本人に意思決定してもらわなければ弁護士は動けません。依頼者本人に自律的判断ができなければ事件解決は進みません。しかし，それがうまくいかないのが依存性パーソナリティ障害の人なのです。

依存性パーソナリティ障害の診断基準［DSM-5］
(Dependent Personality Disorder)

面倒をみてもらいたいという広範で過剰な欲求があり，そのために従属的でしがみつく行動をとり，分離に対する不安を感じる。成人期早期までに始まり，種々の状況で明らかになる。以下のうち5つ（またはそれ以上）によって示される。
(1) 日常のことを決めるにも，他の人達からのありあまるほどの助言と保証がなければできない。
(2) 自分の生活のほとんどの主要な領域で，他人に責任をとってもらうことを必要とする。
(3) 支持または是認を失うことを恐れるために，他人の意見に反対を表明することが困難である（注：懲罰に対する現実的な恐怖は含めないこと）。
(4) 自分自身の考えで計画を始めたり，また物事を行うことが困難である

> (動機または気力が欠如しているというより，むしろ判断または能力に自信がないためである)．
> (5) 他人からの世話および支えを得るために，不快なことまで自分から進んでするほどやりすぎてしまう．
> (6) 自分自身の面倒をみることができないという誇張された恐怖のために，1人になると不安，または無力感を感じる．
> (7) 1つの親密な関係が終わったときに，自分を世話し支えてくれるもとになる別の関係を必死で求める．
> (8) 1人残されて自分で自分の面倒をみることになるという恐怖に，非現実的なまでにとらわれている．
>
> (日本精神神経学会（日本語版用語監修），髙橋三郎・大野裕（監訳）(2014). DSM-5 精神疾患の診断・統計マニュアル. p.667. 医学書院.)

② 依存性パーソナリティ障害の特徴

(1) 自分は無力なので1人では生きていけないという信念

依存性パーソナリティ障害の人は，自分には判断力や能力がなく，1人で正しい判断を下すことはできないし，1人で何かをやり遂げることはできないという信念を抱いています。

たとえば学校での進路選択，職業選択，結婚に至るまで，自分自身で決めることができず，親や先生，友人などの意見を聴いてそれに従うほうが安心できます。

また1人で何かをやり遂げることができないと感じているので，1人になることを恐れ，家族や友人から離れることができなかったり，何らかの社会集団（宗教団体や政治団体など）に身を投じたりします。

(2) 他者は強くて力があるので，他者を頼らなければならないと感じる

自分のことを無力と感じる反面で，他者には判断力も能力もあるので，他者に助けてもらわなければならないとも感じています。

他者の庇護と援助を求めるために，他者との関係で迎合的になったり，

自分には能力がないという態度をとります。

　彼らは基本的に穏やかで優しい振る舞いをし、他者から好感を持たれやすい人柄に見えます。他者の意見に表立って逆らうことはなく、他者に同調的な言動をとります。意見の食い違いによって自分自身の独自性が垣間見えることを恐れるからです。

　また他者との競争関係の中では「劣位」の立場をとろうとします。「弟分」、「妹分」といった立場になり、従属的な役回りになろうとするのです。そのために、オドオドした態度をとったり、「こういうことは苦手なんですよね」「なんだか不安だなぁ」と独り言のようにつぶやいたりして、自分の不安さを他者に伝えます（八幡、2004）。

　そのようにして、他者への依存関係を作り上げ、他者に判断を委ね、他者の支えを求めるのです。

(3) うつ病や不安障害との関係

　依存性パーソナリティ障害の人は、特定の誰かに依存できている間はとりあえず安定しているのですが、環境の変化、対人関係の状況変化によって、うまく依存できない状況になると、強い不安や抑うつ状態に陥りやすくなります。うつ病や不安障害（電車の中で強い不安に襲われるパニック障害など）の背景に、依存性パーソナリティ障害が潜んでいることが、少なくないのです。

❸ 依存性パーソナリティ障害の原因とこころの動き

(1) 生物学的要因

　依存性パーソナリティ障害の原因として、遺伝的な要因についての研究結果は、これまでのところ得られておらず、もっぱら被養育環境が影響しているというのが定説のようです。

　ただ一部には、依存性パーソナリティ障害も生来的な気質が影響していると考える人もいます。依存性パーソナリティ障害の人は、乳幼児期から

怖がりで内気で悲しみがちな気質があるというのです。このような気質の子どもは，親から過保護な態度を引き出してしまうという指摘もあります（Sperry, 2012）。たとえば，怖がりでおびえていて，引っ込み思案で優し気なムードを持っている幼児は，周囲に同情や過剰な世話焼きをおこさせがちだと考えられるというのです。あるいは，依存的になるのは実際に，何かを独りでやり遂げるための素質が乏しい子，たとえば体力がなく，すぐにへたばってしまう子どもであるという見解もあります。しかし，これらの見解はまだ仮説にすぎず，実証されているわけではありません。

(2) 被養育環境

やはり依存性パーソナリティ障害の原因としては，親の養育態度との関係が強いと考えられています。依存性パーソナリティ障害を生み出す養育環境を一言でいえば，「親が過保護」ということになります。すなわち，子どもが自立を模索する時期に，親が過保護で子どもを過剰に助ける態度をとることが，子どもが自分で何かを成し遂げる経験を妨げ，自信がない大人，依存的な大人になってしまうのです。

ただ，過保護な養育態度だけが原因なのではなく，逆に親に早すぎる自立を強いられた子どもも，成人してから依存的になるとも言われています。十分な成長と準備がないままに，自分の力を超えて自立しなければならなかったため，自立して行動することに強いストレスを感じ，自分に自立するための十分な力があると感じられなくなってしまうのです。

> **事例** 頼りすぎる主婦の離婚事件
>
> ### 出会い
>
> 木村弁護士（40代，女性）は，離婚事件を数多く手掛けるベテランの弁護士である。木村弁護士のもとに，30代半ばの主婦であるＳ奈さんが法律相談に訪れた。
>
> 木村弁護士が会議室に入ると，Ｓ奈さんはハンカチを握りしめ，とても心細い様子で座っていた。Ｓ奈さんの頼りなげな姿は，弁護士と

して"何とかしてあげなければ"と思わせるような雰囲気をかもし出していた。

　木村弁護士が努めて優しい口調で,「どういったご相談でしょうか」と話しかけると, S奈さんは「夫が3か月前に突然, 離婚してほしいと言い出し, 翌日には家を出ていってしまいました。会社の近くのマンションに住んでいるようです。実は1年ほど前から, 夫はこそこそ電話をしたり, 頻繁にラインをしたりしていました。ときには外泊することもあり, 女性関係があるのではないかと心配はしていたのですが, 何か尋ねるとすぐにキレてしまうので見ないふりをしていました。今も女性と一緒にいるのかもしれません。」と, 途中から涙を流しながら話した。木村弁護士はティッシュの箱を差し出しながら, 詳しく事情を聴くことにした。

　S奈さんの夫は, 40代なかばの商社マンである。夫とはいわゆる合コンで知り合ったが, 最初から夫は結婚に積極的で, S奈さん自身はかなり戸惑っていた。しかしS奈さんの母親が,「大手商社にお勤めのエリートなんて, なかなか捕まえられない。結婚したほうがいい」と強く勧めたため, S奈さんはそういうものかと思い早々と結婚を決めたという。

　結婚後も夫は強引なところがあり, 住む場所や大きな買い物, 家族旅行の行き先などをすべて決める人だったらしい。S奈さんが自分の希望を言っても聞き入れられることはなかったので, いつしかS奈さんは夫に生活上の決断の全てをゆだねていた。また, そのような強引な人だったため, S奈さんは夫の女性関係を疑っても, 強く問いただすことなど思いもよらなかったという。

　夫は3か月前に出ていくときに,「生活費は送るから」といい, 実際これまで五月雨式に合計で40万円ほどの銀行振り込みがあったが, この先, いつ振り込みがあるのかはわからないという。S奈さんは,「夫がいないのに, 2人の息子を抱えてどうやって生活していったらよいのかわかりません。実家の母には, 絶対に離婚するなと言われていますし, 離婚するなんて考えられないです」と話した。

第6章　ひとりでは何もできない依頼者（依存性パーソナリティ障害）

　木村弁護士は，"身勝手な夫に振り回されて，気の毒な人だ"とS奈さんに同情したが，一方で，"それでも夫と離婚したくないのだろうか。それに，まだ実家の母親の言うことを聞いているのだろうか"と，漠然と疑問に感じていた。
　しかしとにかく当面の母子の生活を何とかするために婚姻費用の請求が先決だろうと考え，S奈さんにもそう伝えた。S奈さんは，婚姻費用請求の意味をどこまで理解したのかよく分からなかったが，一通りの説明を聞くとすぐに「どうかよろしくお願いします」と頭を下げた。

弁護士の困りどころ

　木村弁護士は，心細げなS奈さんの様子や夫の身勝手な行動を聞いて，基本的にはS奈さんに同情していますが，他方でS奈さんが夫や母親に盲従しているように見えることに疑問も感じています。そして婚姻費用の請求について木村弁護士が提案すると，ただちにS奈さんは同意していますが，これはS奈さんが木村弁護士に対しても，無条件に従ったことを表しているようです。
　また，話し始めるとすぐに泣きだしたS奈さんの様子も，少し不自然です。
　この最初の出会いの時，木村弁護士は何に気を付ければよかったのでしょうか。

▶▶▶望ましい対応

　一般的に弁護士は，法律問題に関わること以外，依頼者の個人的な経歴について積極的に尋ねることはしません。しかし，それまでの依頼者の人生の経歴には，そのパーソナリティの特徴を知るヒントが示されています。また，依頼者が話している内容だけでなく，依頼者が話をする態度やかもし出す雰囲気という非言語的メッセージも，依頼者のパーソナリティを理解するための重要な手がかりです。
　S奈さんは，結婚相手の選択を母親に委ね，結婚してからは生活上の決

断を夫にゆだねています。夫の浮気を疑っても，それに異を唱えることもできないほど，自己主張ができない人だということが分かります。依存性パーソナリティ障害だと決めつけることはできないまでも，Ｓ奈さんが自分の意思を抑えて他者に従うという行動パターンを繰り返していることが見て取れます。

　また，話し始めてすぐに泣きだすというＳ奈さんの態度は，どう理解できるでしょうか。一般的に，それまで１人で思い詰めていた依頼者が，弁護士に話してほっとして気が緩んで泣くというのはよくあることです。しかし話し始めてすぐに泣くというのは，パーソナリティの脆弱さや，すぐに理性的な考えを見失って感情に流されてしまう特徴があることを表しているかもしれません。

　木村弁護士としては，Ｓ奈さんが他者の意見に盲従しやすいことや，感情的になってよく考えられないでいることに注意を向け，婚姻費用の請求についてもっと時間をかけて，Ｓ奈さんに説明をし，Ｓ奈さんの気持ちを尋ねたほうが良かったでしょう。「今決めなくてもいいですよ」と言葉をかけ，何度でも説明しましょうという姿勢を見せることが必要だったと思われます。

夫との交渉

　後日，木村弁護士はＳ奈さんの夫にメールや電話で連絡を取り，婚姻費用について話し合いたいと持ち掛けたが，夫は「生活費はこれまでにも払っていますよ。忙しくてなかなか銀行に行けないだけで，払えるときは払っています。それよりも，とにかく早く離婚したいので，離婚について話し合ってもらいたいんです」などと身勝手なことを言うだけで，話合いに応じる様子はなかった。木村弁護士は，婚姻費用の調停を申し立てるしかないと考え，Ｓ奈さんに事務所に来てもらった。
　木村弁護士がＳ奈さんに「ご主人が自主的に婚姻費用について話し合ってくれる様子はありませんので，家庭裁判所に調停を申し立てることがよいと思います」と話すと，Ｓ奈さんは驚いた様子で，「調停

第6章　ひとりでは何もできない依頼者（依存性パーソナリティ障害）

なんて申し立てたら，夫が怒ってすぐに離婚されてしまうのではないでしょうか」と尋ねた。木村弁護士は，「ご主人が浮気をしているなら，ご主人から離婚請求されてもすぐに離婚にはなりません。それより，当面のお子さんたちとの生活をしっかりさせることが必要ですよね」と説明したが，Ｓ奈さんは「生活費のことはとても心配で……長男は中学受験をさせると夫が決めて塾に行かせていたのですが，塾代が払えないので続けられそうにありません。やめさせてよいものかどうか。これからどうしたらいいんでしょう……。でも調停なんて起こしたら，夫がまたキレてしまうんじゃないか……」と堂々巡りを繰り返した。

木村弁護士は内心苛立ってきたが，Ｓ奈さんと子どもたちのためには婚姻費用の調停を申し立てることが最善の策だと思い，「婚姻費用の調停を申し立てるのがベストだと思いますよ。調停を申し立てましょう」と強く言うと，Ｓ奈さんはようやく安心したかのように，「はい，先生にお任せします」と承諾した。

婚姻費用の調停期日の１回目，夫からさっそく，「婚姻費用とは別に，離婚調停を申し立てる予定です」との話があった。夫の言い分は，「妻とは性格の不一致で，一緒に生活するのに相当なストレスを感じていた。妻はなんでも私に頼ってきて，子育てや家事の細かいことまで私の意見を聞いてくるんです。でも，そうやって頼ってくるわりには，私が何をやっても不満で，いつも不機嫌でした。ちょっとしたことで泣いたり，落ち込んだり，いつも気分が悪そうでうつ病なんじゃないかと思ったこともあります。妻と一緒にいれば誰でも神経が参りますよ。外に女性なんていません。単に妻とはやっていけないと思っているだけです」とのことだった。Ｓ奈さんは夫が離婚調停を申し立てるつもりだと聞くと，調停委員の前で声を出して泣き始め，木村弁護士はなだめるのに苦労をした。

結局夫は，数日後には離婚調停を申し立てたようで，婚姻費用の調停と離婚調停とは，事実上，同一期日で話合いを行うことになった。

弁護士の困りどころ

　木村弁護士は，Ｓ奈さんの煮え切らない態度に業を煮やし，十分説明しないままに婚姻費用の調停申立てを決めてしまいました。ただ，Ｓ奈さんも，表立って自分の意見を言うわけではないので，木村弁護士から見れば，Ｓ奈さんも申立てに同意していると受け取っているのです。しかし，このような始め方をしてしまうと，後々，弁護士と依頼者の考えがずれてしまう危険性があります。

▶▶▶望ましい対応

　Ｓ奈さんは「調停を申し立てれば，夫がキレて離婚すると言い出すのではないか」という心配を述べています。他方，木村弁護士は専門家の知識と経験から，「明らかな離婚原因がない以上，夫が離婚を求めてもすぐに離婚できるわけではない」と考え，Ｓ奈さんの不安を低く見積もっているようです。

　現実的には木村弁護士の考えが正しいのでしょうが，Ｓ奈さんは依存性パーソナリティであり，過剰な不安を抱いてしまう人なのです。ですから，Ｓ奈さんの不安に時間をかけて付き合う必要があります。

　依存性パーソナリティ障害の人は，あらゆることが心配になります。離婚も心配，生活費も心配となると，そのうちのどれがより心配なのか，心配なことの優先順位をつけることが大事でしょう。そして，「その場合はこうなる，この場合はこうなる」というように，頭の整理を手伝ってあげることが必要だと思われます。どちらがより心配か聞いて，問題を整理してあげることです。紙に書き出して議論することも役立ちます。そのような作業によって気持ちが整理できますし，逆に，そうしなければ，決断ができないのです。

　それでも依頼者が悩んでしまい，決められない場合は，「私はあなたの代理人に過ぎないから，あなたが決めないと動けないんです。ご決断できたら，一緒にやりましょう」と言うしかありません。

第6章　ひとりでは何もできない依頼者（依存性パーソナリティ障害）

離婚調停

　離婚調停が始まり，夫の離婚の意思は変わらなかった。木村弁護士は，調停の席では，S奈さんには離婚の意思がないこと，婚姻費用に早く合意してほしいことを主張したが，"夫の態度からみて復縁の方向はほぼ望めないだろう。なるべく有利な条件で離婚する方向で戦略を立てたほうがよいのではないか"という感触を持った。

　またそのころ，S奈さんの長男（小学6年生）が学校でいじめにあい，学校に行き渋るようになっていた。S奈さんはオロオロし，木村弁護士に「長男は夫になついていたので，夫から長男に，学校に行くように話してもらえないだろうか」と相談した。木村弁護士が夫にその旨を知らせると，夫は「それでは長男の携帯電話に今晩でもかけてみます」と言った。S奈さんはすぐに長男に，「パパから電話があるからね。よくお話を聞いてね」と告げたようだった。ところが1週間経っても長男に電話はなく，長男はますますふさぎ込んで完全に学校に行かなくなった。

　木村弁護士が，夫に再度連絡しても一向に連絡がはつかないことをS奈さんに告げると，S奈さんはどうして良いか全くわからないといった様子だった。

　長男の学級担任が家庭訪問に来る日，木村弁護士はS奈さんに頼まれて同席し，現在の家庭の状況を担任に伝えると，担任はS奈さんにスクールカウンセラーに相談に行くようにと話した。木村弁護士もS奈さんにそれを勧め，S奈さんは相談に行ったようだった。

　次回の調停期日が近づいたころ，木村弁護士は事務所でS奈さんと向き合い，「率直に言って，ご主人は戻ってくる気は全くないと思いますよ。調停が成立しなくても，婚姻費用だけ審判で決めてもらい，このままずるずると離婚しないでいるという方法もありますが，ご主人が離婚したいと焦っている気持ちのあるうちに，有利な条件で離婚を進めて，お子さんたちと新しい生活をされてはどうでしょうか。ご両親の関係が中途半端だと，お子さんたちの精神状態にもよくないん

じゃないでしょうか。ご長男の不登校も，あなたとご主人の状況と無関係ではないと思いますよ」と話してみた。

するとS奈さんはまた泣き出し，「離婚して私だけで子どもを育てるなんてできません。子どもは夫に渡したほうがいいかもしれません」と言うのだった。

木村弁護士は，これまで離婚して女手一つで子どもを育てて前向きに生きている女性をたくさん見てきたので，S奈さんの後ろ向きの考えに苛立つ気持を感じざるを得なかった。聞けば，S奈さんは若いころに図書館司書の資格をとっているとのことで，その気になれば司書として働くこともできそうだった。木村弁護士は，S奈さんが自立しようと思えばできるのに，なぜ身勝手な夫にしがみつこうとするのか，まったく理解ができなかった。しかし，どれほど説得しようとしてもS奈さんは泣き崩れるだけで，離婚すると決めることはできない一方で，婚姻費用を夫が払ってくれるのかどうかと心配し，内心では夫が戻ってくることをいまだに期待しているようだった。

弁護士の困りどころ

木村弁護士は，S奈さんが夫にしがみつき，自立の道を考えられないことに，かなり苛立ちを強めています。同時に，長男の不登校の問題にまでS奈さんの代わりに判断をしており，S奈さんからの依存は強まっています。

そのようなプロセスを経て，最初のうちはS奈さんに同情的だった木村弁護士ですが，いつの間にか，S奈さんを責める気持ちになっているようです。S奈さんもまた，頼れる弁護士だったはずの木村弁護士が，いつの間にか自分を責め立てる存在（夫や実母との関係に似てきたようです）になっていると思い始めたことと思います。

木村弁護士は，どうすればS奈さんに苛立つことなく，そしてS奈さんが自律的に判断できるように働きかけることができるのでしょうか。

第6章　ひとりでは何もできない依頼者（依存性パーソナリティ障害）

▶▶▶望ましい対応

　木村弁護士が，Ｓ奈さんにもっと自立してほしいと思うなら，Ｓ奈さんに代わって木村弁護士が判断したり行動したりすることは，控えるほうが良かったでしょう。Ｓ奈さんに相談されたことについて，アドバイスをすることは良いのですが，Ｓ奈さんの代わりに判断するようになれば，Ｓ奈さんの依存心は強まり，同時に「自分には判断力がないのだ」という確信を強めてしまいます。

　上述のように，木村弁護士としてはＳ奈さんが不安に思っていること，迷っていることを，「一緒に考える」，そして最後はＳ奈さんが決められるように，「気持ちを支える」ということが必要です。

　しかし，それでもＳ奈さんが迷い続けるとしたら，それはＳ奈さんのパーソナリティの問題，生き方の問題に深くかかわっていて，弁護士が踏み込むことのできない問題になってくると思われます。

　そのような場合には，心理カウンセリングを受けることが，Ｓ奈さんの役に立つ可能性があります。心理カウンセリングでは，Ｓ奈さんの子どもの頃から現在に至るまでの生き方を含めて振り返り，不安の源泉を探り，それらの不安の不合理にＳ奈さん自身が気付けるようにサポートしていくことができます。

　たとえば，弁護士との間では現実を踏まえての法律関係の相談を行い，どうしても不安で夫と離れられないという気持ちの部分については，心理カウンセラーと相談するというように，専門職としての役割分担を行うことも，1つの方法だと思われます。

自立を促す

　その後，離婚調停は不成立になり，婚姻費用は調停に代わる審判によって毎月20万円となった。自宅マンションのローンは夫が払い続けていたので，とりあえずＳ奈さんと子どもたちの生活は安定したはずであったが，相変わらずＳ奈さんは不安気な様子だった。長男の不登

校は続いており，今では次男も，学校に行き渋るようになっているとのことだった。夫のほうは，このまま別居を続けていれば，いつか離婚できるという気持ちでいるのではないかと推測された。

　木村弁護士は，"人に頼ってばかりで，自分で決められない人のようだ。きちんと自分で決めないで，いつまでもこうやって嘆いてばかりで，子どもたちもかわいそうだ"と内心の憤りが抑えられなかった。

　S奈さんに調停や審判について説明するために事務所に来てもらうと，木村弁護士は改まった調子で切り出した。「婚姻費用のことはひと段落しましたので，あとのことは，ご自分でゆっくり考えてみてください。お子さんのことを第一に，どうすべきかよく考えて，今後のご夫婦関係をどうするか決めてください。もし離婚する決心がついたら，またお手伝いしますので」と伝えた。木村弁護士としては，少し厳しい態度で接するほうが，S奈さんが自立する気持ちを促すのではないかという考えもあった。しかし同時に，木村弁護の内心では，子どものことを第一に考える姿勢のないS奈さんに対するいらだちが強く，口調がこれまでになく強いものになっていた。S奈さんはうなだれて聞き，小さな声で「はい」と言った。

　それから1週間後，木村弁護士にS奈さんからメールが届いた。そのメールには，「これから1人で子どもを抱えてどうしたらよいのかわかりません。私には無理です。先生，どうしたらよいんでしょうか。先生だけが頼りなのです。私たち親子を見捨てないでください」と書かれていた。木村弁護士はどういうことかと気にかかり，S奈さんに電話をかけてみた。すると学校を休んでいるのか小学生の長男が出て，「ママが朝からずっと泣いていて，何か独り言を言っていて，変なんだよ」と，心細そうな声で話した。S奈さんと電話を代わってもらうと，S奈さんは嗚咽しながら「先生，どうか見捨てないでください。助けてください」と何度も言うのだった。

　木村弁護士は，「私が突き放したから，こんな精神状態になってしまったのだろうか」と罪悪感に襲われながらも，ほとほとうんざりし，S奈さんの夫が逃げ出したのはこういうわけだったのかもしれないと

第6章　ひとりでは何もできない依頼者（依存性パーソナリティ障害）

思った。

弁護士の困りどころ

　木村弁護士はこれまで，S奈さんのために積極的に事件についての方針決定をしたり，息子の不登校についても相談に乗ったりしてきたという経緯があります。S奈さんは今や，木村弁護士に依存している状態です。その状態で，木村弁護士が急にS奈さんを突き放せば，S奈さんが不安になるのも当然のことです。

　このように依頼者が弁護士に依存してしまっている場合，弁護士―依頼者の委任関係終了時には，どのようにすればよかったのでしょうか。

▶▶▶望ましい対応

　すでに依存関係が生じている以上，木村弁護士としては，終了にあたり「なるべくこれからもサポートしますよ」ということを強調するほうが良かったでしょう。

　また，依頼者が今後の見通しを立てられるような説明をすることが，依頼者にとって支えになります。たとえば，「婚姻費用は解決したけれど，このままの状況がずっと続くわけではありません。別居が続けば，ご主人からまた離婚の調停や訴訟が申し立てられる可能性が高いでしょう。どうすることが，ご自分やお子さんにとってよいことか，よく考える必要がありますね」と懇切丁寧に説明したほうが良かったでしょう。

❹　弁護士にとっての難しさと対応法

(1)　本音を言える関係づくり

　依存性パーソナリティ障害の人は，他者の顔色をうかがい，その意見に迎合する傾向があります。そのため，弁護士との関係でも，自分が本当に考えていることを言うのではなく，弁護士の考えを推し量って，それに合

わせて話をしている可能性があります。

そのような関係のままだと，依頼者が事実関係の一部を語ることができずにいる可能性があります。特に，自分に不利になりそうな事実を弁護士に話せなかったり，あるいは本当の自分の気持ち（本音は離婚をしたくないなど）を言えずにいるかもしれません。

そこでまず，依頼者が弁護士を安心して頼ることができる関係になることが必要です。後に述べるように，依存され過ぎてもいけないのですが，まずは信頼して本心が言える関係を作ることが必要です。

このような関係性は，どのような依頼者との間でも必要なことであり，依存性パーソナリティ障害の人かどうかに限らないことでもあります。ただ，あまりにすぐに迎合する依頼者の場合には，表面的な言葉をうのみにせず，本音を言える関係を築いた上で慎重に本心を見極める必要があるのです。

(2) 弁護士が代わりに決断しない

弁護士は本来，依頼者の意思を代弁し，依頼者の求める権利，利益を依頼者に代わって実現することが役割です。そこでは，依頼者には自分の意思が明確で，自分が何を求めているかがわかっていることが前提とされています。

ところが，依存性パーソナリティ障害の人は，自分がどうしたいのかを決めることができません。家事事件であれば，離婚をしたいのか，面会交流を求めたいのか，決断できません。民事事件なら，判決を求めるのか，妥協して和解するのか，いくらの損害賠償額なら合意していいのかなど，自分で決めることに著しく不安を覚えるのです。

そのような場合，依頼者がなかなか決断できないで時間ばかりが過ぎることに，弁護士は次第に苛立ちを感じます。やがて弁護士は，「この人には，決めることができないのかもしれない。この人にとって良い判断とは何か，本人に代わって考えることが必要なのだ」と思い，依頼者に代わって決断することも生じるでしょう。

しかし，弁護士が依頼者に代わって決断すれば，依存性パーソナリティ

障害の依頼者は，ますます「自分には，自分自身で決める力がないのだ，自分は無力だ」という信念を強めます。そして弁護士に対する依存を，さらに高める可能性があります。

　また，弁護士が代わりに決断したときに，依頼者は表面的には弁護士の決断を100％受け入れているように振る舞うかもしれませんが，本心では別の気持ちを持ち，それが後々，歪んだ形で表現される可能性もあります（なかなか報酬を支払わないなど）。

　したがって，いかに依存性パーソナリティ障害の依頼者にとって決断することが難しそうで時間がかかったとしても，弁護士が依頼者の代わりに決断することは避けるべきです。

(3)　決断を急がせない

　では，どうすれば依存性パーソナリティ障害の依頼者に，自ら決断してもらえるのでしょうか。

　重要なことは，決断を急がせないということです。自分に自信が持てない依頼者にとって，決断するのはとても苦しいということを，弁護士はよく理解しておく必要があります。たとえば，AとBの2つの選択肢がある場合，Aと決断しても，Bと決断しても，その先がどうなるのか，彼らは不安で仕方がないのです。自分の判断が間違っていて悪いことが起こるのではないか，決断したとして，その先を進んでいけるのかについて，自信が持てないのです。

　ですから，弁護士は十分な時間をとって，彼らが不安だと考えることは何かを，AとBの2つの選択肢それぞれについて尋ね，不安に対してどのような対処があるかを検討する，という過程に付き合うことが大切です。

　その過程で，どんな小さなことでも彼らが自分の意見，考えを表明できた場合にはそれを支持し，彼らが自分で考えて決めることに自信が持てるようサポートすることが役立つでしょう。

(4)　事件終結時の配慮が必要であること

　依存性パーソナリティ障害の依頼者が弁護士に対する依存を深めると，

事件が終結し，弁護士がその役割を終えて委任関係が終了するとき，依頼者は重要な依存対象を失うことになります。それは，依頼者にとって危機的な状況です。

そもそも多くの法律問題は，依頼者にとって重要な何かを失う体験です。離婚事件では，配偶者や同居していた子どもを失ったり，財産をめぐる民事事件では，大切にしていた不動産や動産あるいは金銭を失うという体験をしたりする場合が多いのです。そのような喪失体験を経て心細いところに，弁護士という依存対象を失うことは，依頼者に少なからず不安をもたらします。その不安が強すぎる場合には，うつ病や不安障害といった症状が現れる可能性もあります。

弁護士として，このようなところまで配慮する必要はないという考え方もあるでしょうが，できれば，そういった事態は避けたいものです。

では，終結時の依頼者への不安に，どのように対処すべきでしょうか。

まず，終了時の言い方として，「これで終わりましたね」といった関係終了の側面ではなく，「今後も，何かあったら相談してください」という，関係継続の面を強調することが，依存性パーソナリティ障害の人の気持ちに沿った言い方です。

また，もし依頼者がすでにうつ病や不安障害などの精神疾患の症状を持ち，精神科・心療内科に通院している状況であるなど状態が深刻な場合は，カウンセリングを勧めたり，必要な福祉機関への橋渡しをしたりするなど，彼らの今後の生活への支えを用意するという配慮をすることも，精神的安定に役立つと思われます。

第7章 パーソナリティ障害以外の精神疾患による難しい依頼者

　本章では，難しい依頼者が，パーソナリティ障害の場合だけではなく，他の精神疾患を有している場合についても視野を広げたいと思います。

❶ 荒唐無稽な妄想について　──統合失調症の可能性

　妄想性パーソナリティ障害は，疑い深さという意味での妄想が，その症状の中心でした。これに対して，もう1つ，統合失調症（後述のコラム参照）の主要な症状としての妄想があります。統合失調症の妄想は，現実から遊離した荒唐無稽なものも多く見られます。そのような妄想に，どのように対応すればよいでしょうか。

(1) 否定せず，気持ちに共感する

　まず，妄想を否定したり，合理的説得を試みたりしても無駄だということです。妄想というのは，それが現実だという確信があるからこそ妄想なのです。妄想を否定されると，話し手は，自分自身を否定されたように感じて傷つくだけです。妄想的な依頼者との信頼関係を築くためには，まず否定や説得から入ってはいけません。

　明らかに非現実的な内容の話，たとえば「電波が自分に命令している」という場合であっても，それが妄想であると内心では受け止めつつも，一応きちんと話を聴くことが必要です。

　外からは妄想とみえても，依頼者本人にとっては恐ろしい現実そのものであると理解すれば，本人がどれほどの不安や苦痛を抱えているのかの想像できるのではないでしょうか。

妄想内容を積極的に肯定しなくてもその苦痛な気持ちに共感し,「それはお辛いですね」と声をかけることで,信頼関係を作る一歩とすることができます。

(2) 現実的な問題が隠れていることに留意

統合失調症の方の妄想は,抗精神病薬といわれる薬の服用により沈静化しますが,様々な環境因によっても影響されます。環境的なストレス(受験や就職の失敗,恋愛,経済的状況など)によって妄想が強まる可能性があります。

したがって,話に妄想が含まれるとしても,妄想が普段よりも活発になっている場合には,背後に依頼者が抱える現実的な問題が紛れている可能性がありますので,注意しておくと良いでしょう。たとえば,「もうすぐ隕石が落ちて,この世が破滅するのだ」と恐怖におののいている方は,最近,生活の経済的不安が生じ,妄想が悪化しているのかもしれません。そのような場合には,現実的な問題に対処することによって,副次的に妄想が和らぐこともあります。たとえば,障害者年金や生活保護などの面から実際的援助を行うことで,本人の不安が解消され,妄想も消失する可能性があるのです。

(3) 第三者からの裏付けをとる

よく話を聞いた上で,法的問題が含まれていると思われる場合は,依頼者の話をよく聞いて,どの部分が妄想でどの部分が事実なのかをより分ける必要があります。そのような場合には,家族や関係者など第三者からも話を聞いて,客観的に裏付ける必要もあるでしょう。

(4) 全くの妄想である場合の対応

依頼者の話が全くの妄想であり,法律問題は存在しないことが明確になった場合でも,(1)で述べたように「妄想によって苦しんでいる気持ち」に共感することはできます。たとえば,「いつも電波に命令されている」という妄想が,現実に自分の身に起こっていると想像したならば,ど

れほどの恐怖とストレスがあることでしょうか。妄想に苦しんでいる人が，そのような恐怖に苦しんでいることについては共感できるはずですし，そのように弁護士が共感することは，依頼者の苦痛を和らげ，逆説的ですが妄想を緩和することが多いのです。

　ただ，妄想に共感しつつも，それについて現実的に対応できる手段はないわけですので，「証拠がないと法的手段はとれない」などと，誠実に説明すると良いでしょう。また(3)で述べたように，妄想の背後に現実的問題がひそんでいる場合には，まずはそれに対する対処を行うことを提案することが，依頼者の潜在的ニーズを満たすことにもなります。

(5)　医療機関への受診の勧めは慎重に

　妄想を持つ依頼者に困惑すると，弁護士としては，「病院に行ってきちんと治療を受けてもらう方がよいのではないか」と考えがちです。しかし，妄想を持つ統合失調症の方は，すでに受診している場合が多いですし，未受診であれば本人を説得することはきわめて難しいことです。なぜなら，統合失調症の方は，病識（自分が病気であると認識すること）がなく，妄想を現実だと信じているからです。不用意に受診を勧めても，即座に否定される可能性が高いと言えます。

　ただ，妄想・幻覚状態が著しく法的問題を解決する前提として，依頼者の精神状態の改善（妄想，幻覚の鎮静化）が必須と思われる場合は，家族との連携，保健所などの援助を求め，時間をかけて医療機関につなぐ必要があるでしょう。

　一般的にいっても，抗精神病薬という種類の薬を飲むことによって，統合失調症の方の妄想，幻覚はかなり改善するので，受診することの依頼者自身のメリットは大きいと言えます。ただ，受診を勧めるタイミングと方法は，きわめてデリケートな問題であると考えた方がよいのです。

> **COLUMN**
>
> ## 統合失調症
>
> 　統合失調症とは，思考と知覚の独特な歪みや，感情の鈍麻によって特徴づけられるもので，精神疾患のなかで，ぜひ知っておくべきものです。
>
> 　具体的には，①妄想・幻覚，②感情と意欲の障害，③思考と認知の障害，④緊張病症状，などの症状が見られます。
>
> 　生涯有病率は1％程度と言われているので，100人に1人くらいは統合失調症の人がいることになります。血のつながった家族に統合失調症の人がいる場合には，有病率が上がることなどから，遺伝的な要因，生物学的な原因があると考えられています。具体的にはドーパミン仮説（ドーパミンの過剰）や脳の進行性の変性・萎縮（上側頭回，海馬）が原因であるという説もあります。
>
> 　10代後半から20代前半の青年期の早期に発病することが多いと言われますが，まれに40代後半の中年期に発病する人もいます。
>
> 　統合失調症の患者さんは，自分が病気であるという自覚（病識）がないため，自発的に精神科を受診して治療を受けるということは少なく，家族に連れられて受診したり，症状が悪化して自傷他害行為により病院に救急搬送されて治療が始まる場合もあります。
>
> 　治療法としては抗精神病薬の服薬が最優先ですが，急性期の陽性症状が落ち着いてきた場合には，思考障害や感情鈍磨といった陰性症状が目立つようになりますので，心理教育や集団療法，社会技能訓練（SST）なども取り入れて，長期的な治療が行われます。

❷ 精神疾患を自称したとき

　依頼者が自ら，「私はうつ病です」とか，「パニック障害なのです」と話すことがあります。そのような場合，次のような点に気を付ける必要があります。

(1) 「診断名」をどう理解するか

「病院で診断されているなら，その通りにちがいない」と思ってもよさそうですが，そうとも言えません。精神科診断の特殊性から，依頼者のいう「診断名」を，そのまま鵜呑みにすることができないという事情があります。

精神科の診断においては，病名告知にデリケートな問題が含まれています。たとえば，統合失調症や発達障害，パーソナリティ障害では，それを患者にありのままに告げてしまうと，患者がショックを受けるだけで治療がよい方向に働かないことも懸念されます。そこで，告知のタイミングを医師が慎重に見極めようとするので，診断がついていても未告知という状態があり得ます。

また，複数の疾病が併存しても1つしか診断名を告げられていない場合もあります。例えば，パーソナリティ障害とうつ病が併存している場合，うつ病だけを診断名として告げることがあります。

このような事情がありますので，依頼者＝患者が把握している診断名が，依頼者の状態を正確に表していないことが少なくないのです。実際上，うつ病やパニック障害の背景に，パーソナリティ障害があることも多いのです。したがって，依頼者の言う診断名だけを当てにせず，弁護士自ら，依頼者の特徴を見極めていく必要があります。

(2) 疾病利得について

何らかの病気であることによって，社会的な責任から免れたり，人から優しくされたりして「得」をすることを，疾病利得と言います。

依頼者が，対人関係上の疾病利得を得るために，精神疾患を自称している可能性があります。たとえば，かつては本当にうつ病に罹患していたものの，現在は相当程度に治癒している場合でも，いつまでも「うつ病」を口実にしているような場合もあります。「うつ病だから，アポイントの日に行けない」とか，「期日の延期をしてほしい」などと言われる可能性があります。必ずしも本人としては，故意に仮病を使うわけではなく，本当に具合が悪くなったように感じるのです。

このような場合に，弁護士が依頼者の自称する診断名を聞いて，依頼者に特別扱いをすると，弁護士―依頼者関係が依頼者のペースに振り回されるリスクがあります。

また，そのように診断名を使って弁護士をコントロールしようとするところに，依頼者のパーソナリティの特徴があると見立てる必要もあるでしょう。

依頼者から精神疾患の診断を受けていると告げられた場合には，いたずらに特別視せず，依頼者の状態をきめ細かく観察したり，尋ねたりして，対応を決めることが適切だと思われます。

❸ 嘘をついている場合 ――演技性パーソナリティ障害・反社会性パーソナリティ障害の可能性

(1) 自分の得にもならない嘘

依頼者が，なんの得にもならず，人の迷惑にしかならないような不可解な嘘をついている場合があります。たとえば，自分の生い立ちを実際以上に悲劇的に脚色して語ったり，自殺する気もないのにすると言ったりするなどの場合です。

これらは，依頼者が周りの気を惹いて注目を浴びることを無意識の目的としてついている嘘である場合があり，依頼者が演技性パーソナリティ障害の可能性があります。嘘によって人の気を惹きたい気持ちの表れかもしれません（第Ⅱ部第4章参照）。

そのような場合には，嘘を責め立てるのではなく，嘘をついてまで他者の気持ちを惹きたいという，心の根底にある寂しさを理解しつつ，「本当のことを話してもらうほうが，あなたを援助できるのです」と実際的に伝えることが良いでしょう。

(2) 自分の有利に事を運ぶための嘘

他者を自分の思い通りに動かし，自分が利益を得るために依頼者が嘘を

ついている場合は，依頼者が反社会性パーソナリティ障害の可能性があります。

反社会性パーソナリティ障害の依頼者は，規範に従わず，快楽への欲求を即時に満足させるために他者を平気で欺き，利用しようとする傾向があります（第Ⅱ部第3章参照）。

このような場合は，法や規則について厳格な態度を貫き，依頼者におもねらず，断固とした態度をとらなければなりません。依頼者に同情すると，付け込まれる隙を与えることになります。

また，このような依頼者は「何が得か？」ということに敏感なので，嘘をつくことが結局は得にならないことを伝えることも必要でしょう。

❹ 記憶が不明確な場合

比較的最近のことなのに，記憶が曖昧であるとか，忘れているような依頼者がいた場合，いくつか可能性があります。まず弁護士として疑うのは，自分にとって不利なことを弁護士に伝えたくないために，依頼者が「記憶があいまい」という嘘をついている場合ですが，ここでは，本当に依頼者自身の記憶があいまいである場合を考えてみましょう。

(1) 依頼者が比較的若い年代の場合

もし依頼者が，高齢者ではなく比較的若い年代の場合は，解離性健忘（後述のコラム参照）が理由である可能性があります。特に，思い出せない事柄が，何らかの事故や事件など，心理的にショックを受けることが予想される出来事に関連しているなら，その可能性が高いでしょう。

もしそうだとすれば，記憶を失っているのは，思い出すことに強い心理的苦痛が伴うからだと考えられます。思い出させようと強く働きかけることが，かえって依頼者の心理的抵抗を強めるかもしれません。

そのような場合，まずは，依頼者が安心できるような関係作りから始めるべきです。穏やかな態度で，依頼者の話にじっくり耳を傾け，丁寧な説

明を心がけます。依頼者が，弁護士に対して安心して話せるようになるにつれて，記憶が次第に明らかにされてくる可能性があります。

しかし，記憶の欠落が著しい場合や，他にも，気分の変動や衝動的な行動などが見られるような場合には，精神科医や心理カウンセラーと連携し，依頼者の精神面でのケアを得ることが，依頼者自身のために必要かもしれません。ただ，その場合であっても，「精神科などに行けば解決する」と期待して任せるという姿勢ではなく，連携して依頼者を支える姿勢を維持すべきでしょう。

> **COLUMN**
>
> ### 解離性健忘
>
> 解離性健忘は，ICD-10によれば，「最近の重要な出来事の記憶喪失」を主要な状態とする精神障害です。健忘される記憶は，事故に遭うこと，犯罪被害に遭うことや，近親者との突然の死別など，トラウマとなるような衝撃的な出来事に関連していることが通常です。脳の損傷などの身体的な原因はなく，もっぱら心理的な要因によって生じる状態です。
>
> 健忘の範囲は，トラウマティックな出来事に関連するものに限局されている場合から，自分の名前や素性，それまでの人生の全てを含む全生活史健忘まで幅があります。
>
> また健忘が生じている期間は，数分間から数時間，数日間以上と様々ですが，何らかのきっかけで突然，記憶がよみがえることが多いようです。

(2) 依頼者が高齢者の場合

依頼者がある程度の高齢者である場合，記憶力に多少の問題が生じるのは当然です。人名や地名などの固有名詞がなかなか思い出せなかったり，出来事の詳細を忘れてしまったり，物の置き場所を忘れてしまうなどは，老人性の良性健忘として誰にも起こります。

ただ，記憶力が低下している程度によっては認知症を疑う必要があります。たとえば，「昼食のおかずは何だったか」を自発的に思い出せないと

しても，あまり問題はなさそうです。しかし，「昼食を食べたこと」自体を忘れてしまい，「まだお昼食べてないよ」などと言う場合には，認知症の可能性を疑う必要があります（下記コラム参照）。法的紛争の場面では，たとえば訪問販売による詐欺の事件で，「契約書にサインしたかどうか忘れた」ということなら「やり取りの詳細は，明確に記憶できるとは限らない。だれでも起き得ることだろう」との了解が可能ですが，「訪問販売なんて家に来た覚えがない」と言われたら，それが嘘なのか，本当に記憶がないのかを慎重に確かめ，記憶がないとしたら，認知症の可能性を吟味する必要があるでしょう。

　ただし，事件に関することの記憶力が低下しているからといって，直ちに認知症だと決めつけることはできません。弁護士が依頼者と話をする中で，依頼者の記憶に問題があると感じた場合は，まずは身近で暮らす家族が，本人の物忘れについてどのように認識しているのかを確認することが必要です。身近な家族が，生活の多くの場面で本人の物忘れの徴候を認識

COLUMN

認知症

　認知症とは，「脳疾患による症候群であり，通常は慢性あるいは進行性で，記憶，思考，見当識，理解，計算，学習能力，言語，判断を含む多数の高次皮質機能障害を示す」（ICD-10）とされるものです。多くの場合，物忘れが頻回に見られたり，趣味や家事などを行う意欲が低下したり，怒りっぽくなるなどの性格変化が生じることなどから症状が始まります。進行すると，顕著な記憶障害，見当識障害（日時，場所についての不分明や誤認）が生じ，また常識的な理解や判断力も低下します。

　認知症かどうかは，認知症を診断するための神経心理テストといわれる改訂長谷川式簡易認知評価スケールやMMSE（Mini Mental State Examination）などの心理検査の結果や，MRI（磁気共鳴画像診断装置）を用いた脳の画像診断，生活状況の聴取など様々な要素から精神科医が診断します。記憶の減退がうつ病の症状として生じるなど，認知症以外の原因で記憶の問題が生じている場合もあり，精神科医は慎重に鑑別診断を行います。

している場合には，認知症である可能性を考え，本人以外の情報源によって法律的に問題となる事実関係を確認する必要があることは，言うまでもありません。

❺ 注意力・集中力に問題がある場合
── 注意欠陥多動性障害の可能性

　依頼者の中には，打合せのためのアポイントの日時を間違えてすっぽかす，事件について尋ねても時系列で話ができない，すぐに脱線する，証拠となる書類を持ってくるように頼んでも書類がどこにあるか分からないといったように，注意力や集中力が散漫なことがあります。また，様々な説明をしている途中で別の話が始まったり，もじもじと体を動していたり，他のことに気をとられて行動するなど，行動が衝動的で落ちつかない様子をみせることもあります。

　このような依頼者は，注意欠陥多動性障害（ADHD）である可能性があります（次頁コラム参照）。ADHDは，様々な面での不注意や集中困難があり，また落ち着かなかったり，衝動的な行動をとったりする，発達障害の１つです。

　ADHDの方は，耳から話を聞くだけでは特に注意力が散漫になり理解できないことが多いと言われています。このような場合は，視覚的情報を利用して伝えることが役立ちます。具体的には，法律関係の説明や，その後の調停，訴訟の手続の説明などを，ホワイトボードや紙に書いて説明すると良いでしょう。他にも，アポイントの日時をメモに書いて渡したり，その場で本人の手帳に書いてもらったりするなどの工夫ができます。また，期日や打合せの前日には確認の電話をして注意を促す必要もあるでしょう。

　本人にとっては，故意に忘れているわけではないので，「忘れないでくださいね」と何度も念を押したとしても，やはり忘れてしまう可能性が高いのです。本人の注意力をカバーする工夫を，こちら側で考える必要があります。

> **COLUMN**
>
> ### 注意欠陥多動性障害（ADHD）
>
> 　注意欠陥多動性障害は，DSM-5において，不注意または多動性・衝動性が子どものころから持続的にみられ，機能または発達の妨げになっているものとされています。
>
> 　不注意症状としては，不注意による間違いが頻発すること，課題に長時間集中することが難しいことなどが見られ，多動性・衝動性症状としては，じっとしておられずモジモジしたり，席を離れたり，走り回ったり高い所に上ったり，他の人が話し終わる前に答え始めるなどが見られます。
>
> 　治療法として，近年は薬物療法も行われており，不注意症状，多動性・衝動性症状が改善する場合もあるようです。

❻ 決断できない場合

(1)　うつ状態の可能性

　依頼者が，なかなか考えがまとまらなかったり，悲観的な方向にばかり考えたりして，方針を決定できない場合があります。たとえば，訴訟提起するのか和解交渉でいくのか，離婚の要求を受入れるのか拒否し続けるのか，依頼者自身が決断しなければいけない場面で決断できず，感情に振り回されたり，単に先延ばしにすることがみられる場合です。

　そのような場合は，依頼者がうつ状態にある可能性があります。うつ状態にある場合は，思考力が低下し，決断するエネルギーが低下します。普段の依頼者とは異なる精神状態にあり，自分自身にとって最善の判断をできるような状態ではないと言えます。

　このような場合は，依頼者に急いで決断を迫らず，手続上可能な範囲で時間をおいて，依頼者の状態が落ち着くのを待つ必要があります。

　うつ状態やうつ病の場合は，ネガティブな思考に捉われて主観的にも苦痛があり，不眠や食欲不振などの身体的な症状も出るので，本人自身も辛

いと感じていることが多いのです。ですから，医療機関の受診を勧めると，受診につながる可能性も高いでしょう。抗うつ薬などの服薬により，状態が改善するのを待って，法的手続を進めたほうがよい場合も多いと思われます。

(2) 依存性パーソナリティ障害の可能性

依頼者が，自分自身で決断をすることが難しいようで，しきりに弁護士の意見を聞いたり，家族や友人の意見を聞いたりするのですが，それでも決められないで時間ばかりが経過する場合は，依存性パーソナリティ障害である場合があります（第Ⅱ部第6章参照）。

その場合，依頼者は自分に自信がなく，否定されることに敏感だと考えられます。自分の決断にも自信が持てないので，誰か別の人—弁護士—に決断してもらうほうが楽なのです。

そのような場合，弁護士として，「あなたの意思が大事です」と相手を尊重する姿勢を繰り返し示し，依頼者が自分の意見を言うことを励ますことが必要です。依頼者が決められないからといって弁護士が代わりに決断してしまうと，以後，ますます依頼者は決断ができないようになってしまう可能性もあります。

コミュニケーションが難しい場合
―発達障害／自閉症スペクトラム障害の可能性

依頼者が事件に関連して強いこだわりを持ち，そのこだわりのために，合理的な方針決定ができないような場合があります。また，他者の視点から物事を考えることができず，自分の視点だけで考え他の意見を受けつけないような場合があります。

たとえば，相隣関係にせよ，離婚問題にせよ，争いの契機となったトラブルについて，事あるごとに同じ説明を操り返し，それ以上話が発展しないような場合があります。弁護士が依頼者の気持を汲みつつ解決策を提案

しても，まるでそれが聞こえていないかのようです。他者の気持ちや他者の考え方に，柔軟に身をおいて考えることが，とても難しいようです。

　自分のこだわりがあまりに強く，他者の視点を取り入れることが難しい場合は，依頼者が発達障害の1つである自閉症スペクトラム障害である可能性があります。

　自閉症スペクトラム障害の場合，こだわり自体を論理的，合理的に修正しようとしても難しいところがあります。また，他者の気持ちを理解してもらうように説明しても，全く通じないという感触を受けます。このような場合弁護士としては，依頼者のこだわりに付き合い，法的手続を進めるしかないかもしれません。

　ただ，「こだわるのは依頼者が意地になっているのではなく，認知的な特性上，避けられないのだ」と考えることで，対処する際の弁護士の気持ちは少しは楽になるのではないでしょうか。

COLUMN
自閉症スペクトラム障害 [DSM-5]

　自閉症スペクトラム障害は，社会的コミュニケーションの困難や，他者との情緒的交流を行うことに困難がある，発達障害の1つのタイプです。「スペクトラム」は連続体という意味で，重症度によって現れ方が異なります。重症の場合は言語能力や知能の発達の遅れを伴う自閉症と呼ばれる病態を示します。軽症の場合は知的な問題はなく成長しますが，社会人になってから社会性の乏しさによって職場に適応できなくなることがあり，かつてはアスペルガー障害と呼ばれていました。

　自閉症スペクトラム障害の人は，常同的，反復的な関心や活動が特徴の1つであり，子どものころは電車や恐竜，元素記号など特定のものにこだわり，覚えることに熱中したりすることがよく見られます。不器用で自転車に乗れるようになるのに苦労することもあります。

　子どものころから，少し変わった子として周りから見られ，自分を否定されることも多いため，自己評価が低くなったり，実際に学校や職場に適応できず，うつ状態を呈することも多くみられます。これは，二次的に生じた障害として「二次障害」と呼ばれます。

　対人関係で苦労することが多く，生きづらさを抱えています。カウンセリングでじっくりと自分の対人関係について考え，他者の気持ちを推し量るスキルなどを身に付けることによって，社会適応を改善していくことが目指されます。

第 8 章　対応法のまとめ

　本章では，難しい依頼者への対応について，弁護士―依頼者関係の特徴から留意すべきことについて考えた上で，最後に，パーソナリティ障害の依頼者への対応として，共通すると思われる原則について述べたいと思います。

1　弁護士―依頼者関係の特徴

　パーソナリティ障害の人への対応については，これまで主に，医療関係者の治療の文脈で論じられることが多かったと言えます。しかし，精神科的な治療（薬物療法と精神療法）と弁護士が依頼者に対応する場合とは，かなり性質が異なります。
　ここで改めて，弁護士としての対応を考える前提となる，弁護士―依頼者関係の特徴を，医師―患者関係と比較して確認したいと思います。

(1)　委任―受任の関係であること

　医師―患者の間にも治療契約という委任契約はありますが，医療の性質上（受付事務を通じて予約して，受診するという形式），治療契約はあまり明確に意識されるものではありません。1回ごとの受診で治療費が請求され，しかも保険診療であると，患者がいつのまにか来院しなくなっているということもあり，当該医師と患者との契約関係は比較的，緩いものです。
　しかし，弁護士―依頼者の関係は，最初の法律相談を経て互いに委任―受任を検討した上で，委任契約が結ばれます。訴訟などの法的手続が始まれば，委任状の交付も受け，依頼者は簡単に弁護士を変えることはできま

せん。弁護士は，長期的な見通しをもって委任事務を進めなければなりません。

このように弁護士―依頼者関係は，契約に基づく濃密な関係であるため，関係性がこじれる危険性を有しているのです。そのため，特にパーソナリティ障害などの難しい依頼者との関係がこじれやすいということになります。

(2) 法律や裁判手続といった制度の枠内で仕事を進める必要があること

法的手続は，法律と裁判制度の中で，厳正なルールに則って進められます。法廷期日，書面の提出期限，主張，立証のルールなど，外在的な制約に沿って弁護士は仕事をしなければなりません。

難しい依頼者の感情の浮き沈みや，衝動的な行動によって，それらの外在的な制約を守れないとなると，非常に困った事態になります。

この点，医療における治療は，いわば患者中心に患者のペースで進めることが，比較的許されていると言えます。しかし弁護士は，裁判等の手続に合わせつつ依頼者との関係にも対応していく必要があります。

(3) 仕事を進める際に，依頼者との協働作業が必須であること

上記の外在的制約とも関わりますが，弁護士は事件を遂行する過程で，依頼者との協働作業を進めていかなければなりません。

依頼者から正確に事実の聴取をすること，証拠の収集，陳述書や準備書面の作成，証人尋問の準備などいずれの場合でも，依頼者自身が冷静で合理的に行動してくれなければ，協働作業は成り立ちません。

(4) 依頼者から成功報酬をもらう必要性

弁護士業務の報酬には，医療保険制度のようなものはなく，弁護士にとっては，依頼者自身から直接，報酬を受け取ることがきわめて重要です。しかも，成功報酬にせよタイムチャージにせよ，ある程度まとまった額を請求しなければなりません。

報酬の支払が，依頼者の感情によって左右される可能性があることは，

弁護士業にとって大きなリスクとなります。その意味でも，依頼者が過度に感情的，衝動的にならないような関係づくりが必要です。

(5) 相手方の存在（紛争場面，勝ち負けを決める状況）

紛争の相手方がいることが，パーソナリティ障害の依頼者と弁護士の関係をいっそう複雑にします。紛争である以上，必ず，勝ち負けという要素が入るからです。

パーソナリティ障害の人は，極端なものの見方をすることが多いため，紛争において完全に勝利しなければ（和解で妥協したりすると），敗北感に襲われます。

また特に家事事件では，パーソナリティ障害の依頼者自身と家族とのこじれた関係性の帰趨の影響を受けながら，弁護士は依頼者と関係を作っていかなければなりません。まさに「火中の栗を拾う」ようなことを，しなければならないのです。

弁護士に対して，非常に難しい立ち位置が要求されていると言えます。

❷ 対応法の共通原則

前章までに述べた，様々な類型のパーソナリティ障害に共通しているのは，情緒の不安定さ，両極端に揺れ動く考え方，高すぎるプライドと劣等感の同時存在，相手方への攻撃や裁判所での暴言などの問題行動といった，弁護士を不安と困惑に陥れるような行動・思考・感情のパターンでした。

そのようなパーソナリティ障害に共通する特徴を鑑みると，様々な類型のパーソナリティ障害に対応する共通原則は以下のようになります。

(1) 同じ距離感を保つこと

パーソナリティ障害の依頼者との間では，同じ距離感を保つことが重要です。最初のうちは親切にし，途中から依頼者を負担に感じてそっけなくすることは，依頼者が弁護士に見捨てられた感覚を強め，関係がこじれる

原因となります。たとえば，最初は夜間に長時間の電話での相談にも応じていたのに，それが続くと弁護士がストレスを感じ，後になると早々と電話を切り上げてしまうように，弁護士の対応の変化が生じることで，依頼者は強い怒りを感じる可能性が高くなります。

　このような事態を避けるためには，パーソナリティ障害が推測される依頼者とは，関係を作る最初から，親切さ誠実さを基本としながらも，抑制のきいた節度のある態度をとるほうが，後々，関係がこじれるのを避けることができます。ただ，淡泊にとはいっても，弁護士として行うべきことを粛々とこなすべきであることは言うまでもありません。

(2)　関係を構造化すること

　(1)に述べた，依頼者との「距離」の問題と重なることですが，パーソナリティ障害の依頼者との関係においては，弁護士—依頼者関係を「構造化」するという視点も有用です。

　藤山（1994）は，境界性パーソナリティ障害の患者の治療における，「構造化」の重要性を論じています。治療を構造化するとは，具体的には，医師がどのような時間的・場所的枠組みで患者に対応するのかを明確に決めることです。たとえば，診察の頻度，長さ，電話をかけてよい時間帯，入院が必要な場合などをあらかじめ明示し，それを医師が守ることを意味します。藤山は「構造化」が必要な理由を次のように述べています。「BPD（筆者注：borderline personality disorder；境界性パーソナリティ障害）患者は，世話されることを強烈に求めている。（中略）しかし，同時に彼らは世話されることがへたである。一般的に患者を支えると思われる世話によって，彼らは混乱し，いわゆる悪性の退行が引き起こされる。自分を抱える環境そのものを破壊したり，自己破壊を企てる」と述べています。

　このように，関係を構造化することによって援助の対象者である患者の退行を防ぎ，大人としての振舞いを維持させることは，弁護士—依頼者関係においてもあてはまります。

　「構造化」の視点を弁護士—依頼者関係に当てはめると，具体的には次のようなことがポイントになると思われます。

▶依頼者と会う場所は，事務所または裁判所内と決める（依頼者の求めに応じた面談場所の変更は慎重にする）
▶依頼者からの電話を受ける時間は，オフィス・アワーに限る（9時から17時までなど）
▶メールの返信には一定のタイムラグ（2，3日程度）があることをあらかじめ伝える
▶面談時間は，最初に「○時間」と伝え，それを超えないようにする

依頼者が「退行」して，より難しい弁護士─依頼者関係になることを防ぐためには，臨機応変に融通をきかせるのではなく，最初に上記のようなルールを決めて，それを弁護士が守ること，すなわち関係を「構造化」することが重要だということです。

(3)　複数人でのチーム対応を原則とする

パーソナリティ障害の依頼者との事件は，できるだけ共同受任をし，「チーム」として依頼者に接することが有効です。

弁護士と依頼者との1対1の関係は密接になりがちで，依頼者の感情を不安定にしやすいと言えます。弁護士との距離感が近くなると，過度な期待をしたのち，急激に失望することがあります。

しかし，複数名で接することは依頼者に「安定した環境に置かれている」感覚を持たせ，依頼者の気持ちを安定させることに役立ちます。ただし，チーム内部で意思統一を図り，同じ態度，同じ方針で依頼者に接することに留意する必要があります。パーソナリティ障害の依頼者は無意識な対人操作にたけているため，一方の弁護士を良いもの，他方の弁護士を悪者と区別して接し，弁護士同士を仲たがいさせることも，よく起こるのです。

(4)　問題行動には毅然とした管理的対応をとる

依頼者がいろいろと極端な言動をすることで弁護士が困る局面にはバラエティがあり，困る程度も「軽い困惑」から，「何らかの緊急対応を検討する必要があるような危機状況」まで様々あります。

林（2007）は，パーソナリティ障害の患者の過度の問題行動（治療者へのストーカー行為や，違法行為など）に対し，「このような問題への対応は，医療・相談機関の通常業務の範囲を超えた，危機管理的な様相を帯びるのが通例である。ここでは，社会一般の倫理の視点からの検討が必要になる」と述べるとともに，その際は患者に対する治療機関としての対応よりも，刑事告訴も選択肢に含めた「管理的対応の原則」が適用されるべきだとし，その具体的対応として，「<u>患者や医療・相談機関の職員を守ること</u>（下線は筆者）」，「医療・相談機関全体での対応の必要性」，「患者の扱いをしないこと」，「関係機関との協力」を挙げています。そして管理的対応を優先すべき場合であっても，その目的はあくまで患者や治療機関の職員を守ることである点を強調し，管理的対応を行う場合にも患者への負担は最小限にとどめるべきだと論じています。

依頼者から受任されて代理人・弁護人を務める弁護士と，患者の治療を行う医療機関との違いはありますが，このような管理的対応の指針は弁護士としても検討すべきことだと思います。

依頼者の行動が社会的な規範から大きく逸脱し，依頼者自身の安全や相手方の安全，弁護士や事務職員の安全が危惧されるような場合には，依頼者への儀礼的な配慮よりも，現実的な依頼者，相手方，弁護士，事務職員の安全を最優先にし，必要な行動をとるべきでしょう。具体的な対応としては，依頼者の家族への連絡，警察など関連機関との連携，措置入院の検討などが考えられますし，そのために代理人を辞任することも必要となるかもしれません。

パーソナリティ障害の依頼者との関係のなかで，弁護士自身が情緒的にかき乱されている場合には，このような冷静で毅然とした態度を選択することが難しいかもしれませんので（過度に罪悪感にとらわれるかもしれないのです），その場合は同僚などに相談しながら進めるべきでしょう。

依頼者が，その極端な問題行動によって他者を害したり，自分を傷つけたりすることを極力防ぐことは，依頼者自身を守ることでもあります。そのような視点をもって，危機的状況での行動を判断することが必要でしょう。

❸ 他の専門職との連携

　パーソナリティ障害や，パーソナリティ障害の人にしばしば伴ううつ病などの精神疾患への対応について，やはり弁護士は専門家ではありません。正確な見立ては困難ですし，対応法についても，個別のケースでは戸惑うことが多いでしょう。

　そこで，必要な場合には他の専門職と連携することができれば，弁護士自身が無理をせずに，他の専門家に任せるべきところは任せることができます。

(1)　精神科医との連携

　弁護士として接する中で依頼者をパーソナリティ障害であろうと見立てたとしても，それだけを理由に精神科の受診を勧めることは，依頼者にとって受け入れられるものではありません。

　しかし，境界性パーソナリティ障害に見られる自傷行為や自殺企図がある場合，あるいは暴力で家族などに危険が及ぶような場合には，精神科医との連携が必要とされる場合があります。精神科医による薬物の投与と精神療法によって，依頼者の衝動性が抑制され危険な行動がおさまる可能性があります。

　また依頼者に，うつ病，躁うつ病，統合失調症など，他の精神疾患の可能性があると考えられる場合にも，精神科医の治療を受けたほうが良いと考えられます。

　ただ，いずれにしても精神科はまだまだ敷居の高い場所と感じる人が多いので，弁護士から依頼者に直接，受診を勧めるよりも，まずは家族と相談して家族から勧めてもらうなど，慎重な対応が必要です。

(2)　心理カウンセラーとの連携

　依存性パーソナリティ障害の場合のように，依頼者自身が重要な決断になかなか踏み切れず，そのために法的手続が進まないような場合には，心理カウンセリングを利用することが助けになるかもしれません。

心理カウンセリングでは，カウンセラーが，中立的，支持的な姿勢でじっくり話を聴き，依頼者本人が自分の本当の気持ちに気付くことができるように援助します。

現在は，民間資格である臨床心理士の資格をもつ心理カウンセラーが，一般的な信頼を得て活動しています。また，初めての心理職の国家資格を定める公認心理師法が成立し，平成30年から資格試験が始まります。近い将来，国家資格をもつ心理カウンセラーも生まれます。

弁護士が心理カウンセラーと役割を分担しつつ，有機的に連携していくことで，特に難しい依頼者をよりよく援助できるのではないでしょうか。

(3) コンサルテーションを受けること

パーソナリティ障害の依頼者との関係がにっちもさっちも行かなくなり，あなた自身が強い精神的ストレスにさらされて方針を見失ってしまったら，まずは同僚などに状況を話し，気分を楽にするとともに，第三者からの冷静な見方を取り入れることが必要です。

さらに専門的な援助を得たい場合には，あなた自身が精神科医や心理カウンセラーに，コンサルテーションを受けるという方法もあります。

コンサルテーションの目的は，あなた自身が弁護士という専門職として適切に判断し，意思決定ができるように，サポートをするということです。

具体的にはコンサルタントが，事件の経過，あなたと依頼者との関係について話を聞き，依頼者のパーソナリティはどのようなものか，依頼者とあなたとの関係はどうなっているのか，事態を打開するためにはどう行動すればよいのか，などについて助言を行うことになるでしょう。

このような専門職に対するコンサルテーションは，心理カウンセラーの職域で一般的な訓練／教育方法として国際的に行われています。日本でも，大学院での実習の一環として個々の学生の行ったカウンセリングに対して教員が"スーパービジョン"（心理職の間では，コンサルテーションをこのように呼んでいます）を行うことがあります。また，臨床心理士などの資格をとった後も，多くの勉強熱心な心理カウンセラーは，ベテランの心理カウンセラーや精神科医のスーパービジョンを継続的に受けています。

このような教育／訓練方法を，対人援助職の1つである弁護士が一部でも活用することには，大きな意義があると思います。

第Ⅱ部：文献　　　　　　　　　　　　　　　　　　　　（アルファベット順）

※　第Ⅱ部内で引用している個所については，下記太字部分にて省略して表示しています．

Eddy, B.（2005）. *High conflict people in legal disputes*. HCI press.

藤山直樹（1994）. 境界型人格障害の治療—ふつうの外来での実りあるマネージメント—. 臨床精神医学, 23, 873-881.

Gabbard, G.O.（1994）. *Psychodynamic psychiatry in clinical practice: The DSM-IV Edition*. American Psychiatric Press. 舘哲朗（監訳）（1997）. 精神力動的精神医学—その臨床実践〔DSM-Ⅳ版〕. ③臨床編：Ⅱ軸障害. 岩崎学術出版社.

Hare, R. D.（1993）. *Without conscience*. Pocket Books. 小林宏明（訳）（2000）. 診断名サイコパス—身近にひそむ異常人格者たち. 早川書房.

林直樹（2007）. パーソナリティ障害とむきあう—社会・文化現象と精神科臨床. 日本評論社.

林直樹（監修）（2011）. よくわかる境界性パーソナリティ障害—不安定な自分を変えていく，治療とセルフケア. 主婦の友社.

Hotchkiss, S.（2002）. *Why it always about you?* Free Press. 江口泰子（訳）（2009）. 結局，自分のことしか考えない人たち—自己愛人間とどうつきあえばいいのか. 草思社.

Lelord, F., & Abdré, C.（1996）. *Comment gérer Les personalites difficiles*. Éditions Odile Jacob. 高野優（訳）（2001）. 難しい性格の人との上手なつきあい方. 紀伊国屋書店.

McWilliams, N.（1994）. *Psychoanalytic diagnosis: understanding personality structure in the clinical process*. The Guilford Press. 成田善弘（監訳）（2005）. パーソナリティ障害の診断と治療. 創元社.

岡田尊司（2004）. パーソナリティ障害—いかに接し，どう克服するか. PHP新書.

Sperry, L.（2003）. *Handbook of diagrnosis and treatment of DSM-IV-TR personality disorders（2nd edition）*. Routledg. 近藤喬一・増茂尚志（監訳）（2012）. パーソナリティ障害：診断と治療のハンドブック. 金剛出版.

Stout, M.（2005）. *The sociopath next door*. Crown Publishing Group. 木村博江（訳）（2012）. 良心をもたない人たち. 草思社.

矢幡洋（2004）. 依存性パーソナリティ障害入門. 日本評論社.

Yudofsky, S. C. (2005). *Fatal Flaws-Navigating destructive relationships with people with disorders of personality and character.* American Psychiatric Publishing. 田中克昌・黒澤麻美（訳）(2011). パーソナリティ障害の素顔. 星和書店.

第III部

精神医学の専門的見地からのパーソナリティ障害の解説

パーソナリティ障害の基礎知識とそれとの関わり方

帝京大学医学部精神神経科学講座教授
林　直樹

1　はじめに

　パーソナリティ障害は，社会適応の困難や主観的苦痛を生じる認知・行動パターンを示す，広い範囲の（特定の要素に限定されない）精神機能の障害である。それは，精神障害の基本的な分類の1つであり，精神科臨床において自傷行為・自殺未遂や衝動行為な反社会的行動，ひきこもりといった問題を理解する上で欠かすことができないものである。

　しかし，このパーソナリティ障害は，他の分類のものと比較すると，相当にクセのある精神障害である。その多くは，パーソナリティ障害の特徴が一般の人々から明確に区別できないという特性に由来するものと思われる。パーソナリティ障害の人の認知・行動パターンでは，一般の人々の平均的なものから著しく偏倚していること，言い換えれば，その程度の極端さが問題にされるべきということである。これは，他の代表的な精神疾患と相違している。例えば，幻覚や妄想は，それが認められたなら，統合失調症や双極性障害といった精神障害の存在を示すサインとなるが，パーソナリティ障害では，それを示唆する症状の極端さを判断しなくてはならないということである。

　その他にもこの精神障害には，重要な特徴がある。その1つは，パーソナリティ障害の特徴がその人本来のパーソナリティ特性と関連が深く，その人らしさを一部反映しているということである。ただし，パーソナリ

ティ障害が，ある程度持続的であるものの，十分に変化，改善することを期待しうるという点は，ほとんど変化しないパーソナリティ特性と相違している。さらに，パーソナリティ障害の症状は，その人が人生の中で徐々に作り上げてきたものなので，生活環境や社会文化的要因の影響を強く受けていることも特徴に加えることができる。

　本章における筆者の役割の第一は，法律に関わる援助職に就いている人々にこのパーソナリティ障害についての基本的事項を概説することである。パーソナリティ障害の概念は，近年，大きく変化してきている。ここではまず，その概念の現状を示し，次いでパーソナリティ障害の定義や診断，基本的特徴，病因論や病態論，治療の現状について記すこととする。さらに本稿では，訴訟や法律相談などにおいてパーソナリティ障害の人（もしくはその特徴を示す人）との適切な関わり方について検討することも重要な目標である。これは，パーソナリティ障害の人々が周囲の問題に巻き込まれやすく，同時に周囲の人々にしばしば問題をもたらすことが特徴だからである。本稿では，パーソナリティ障害について論じる中で，その人々，そして周囲の人々が過剰な負担を背負わずに互いに協力できるような関わり方について考えてみたい。

パーソナリティ障害の基本的な特性

　ここでは，法律的問題への対応を援助する人々がパーソナリティ障害の人と関わる上で知っておくべき基本的事項について述べる。

(1) パーソナリティ障害では基本的に一般の人と共通の特性が問題になること　〜異質な特性があるわけではないこと

　パーソナリティ障害の人の認知・行動パターンは，一般人のそれと本質的な相違がないと考えられている。違うのはその極端さである。それゆえ，彼らと関わる際には，基本的に一般の人々に対するのと異なる，特別な関わり方を考慮する必要はない。私たちは一般に対人関係の中で相手の特性

を知り，それに配慮して関わり方を調整しているのだが，それと同じようにパーソナリティ障害の人と関わるのがよいということである。ただし，その際に相手の特徴をスムーズに把握することが，援助を効果的に進める上で役立つことはいうまでもない。

(2) 一般には軽症の精神障害であること

　パーソナリティ障害は，単独ならば比較的軽症の精神障害である。そのゆえにこそ，後に5．疫学で示すように，パーソナリティ障害と評価される人々の大多数が精神科治療や特別な援助なしに機能しているのである。ただし，そのような彼らでも，他の精神障害を併発したり，大きなトラブルに見舞われたりするときに援助が必要となる状態となる。また，彼らでは周囲の人々との間で軋轢を生じやすく，さらに他の精神障害を併発したり，トラブルに見舞われたりすることが多いという特徴がある。そして，そのような場合では，併存する精神障害やトラブルへの対応がパーソナリティ障害への対応よりも優先されなければならないことが一般的である。すなわち，パーソナリティ障害は，一般にそれ自体への対応を緊急に講じなくともよい精神障害だということである。

(3) 自分の行動に責任を持つことができること

　彼らは，原則として，自分の行動に責任を持つことができる。それゆえ，彼らは，刑事訴訟でも民事訴訟でも責任能力があるとみなされる。これは，自分自身の問題への対応において彼らは応分の責任を求められるべきだということになる。例えば，社会通念から逸脱した行動があるなら，彼らはそれについての責任を持つべきということである。

　そもそも，このような人々では，問題行動への対応において，それをコントロールしようという意志が本人になければ，改善を期待することができない。それは，精神科治療において彼らが自らの振る舞いに責任を持つ主体として参加することが必要条件であることの理由でもある。もしもその主体的参加がないなら，本格的に治療を開始するのは困難であり，治療スタッフは，彼らの治療への動機づけを強めるといった地道な準備作業を

続けるしかないのである。

パーソナリティ障害概念の発展過程

　パーソナリティ障害の特性を理解するためには，その概念の歴史を知ることが役立つ。その概念の発展過程には，いくつかの大きな変遷があった（後掲文献の10。以下，番号のみで示す）。ここでは，それを図1にまとめることにする。

【図1：パーソナリティ障害の概念の発展】

①19世紀前半 症例記述が始められた	ピネル（1801）によって，窃盗や放火など異常な行動を繰り返す「妄想なき狂気」の症例が記述された。プリチャード（1835）は「背徳症候群」の概念を提示した。

②19世紀後半 概念の検討が進められた	これらの問題行動について，モレル（1852-3）やマニャン（1886）による「変質論」，やコッホ（1888）などによる「中間者」概念の議論が展開された。

③1923年 精神病質の定義が提示された	シュナイダー（1923）は，精神病質概念を（「中間者」でなく）他の精神病から独立のものとして定義し，重要な類型を記述した。この定義は，現代のパーソナリティ障害概念の基礎となった。

④他にもさまざまな類型が提示された	精神分析では，フロイド（1908）やアブラハム（1953）によって口唇性格，肛門性格，ヒステリー性格などの類型が記述された。 クレッチマーの気質・病質論（1945）では，統合失調症，気分障害，てんかんに気質的に通じる類型として循環病質

| | (気質),統合失調病質(気質),類てんかん病質が措定された。これらの類型は,当時の世界保健機関(WHO)の国際疾病分類(ICD-6～9),米国精神医学会の診断基準(DSM-Ⅰ,Ⅱ)に取り入れられた。 |

| ⑤1980年
DSM-Ⅲの改革 | 米国精神医学会の診断基準第3版(DSM-Ⅲ)では,パーソナリティ障害の類型ごとに設けられた診断基準項目のうち,患者が一定数以上該当することがその類型を診断する条件となるという診断方法の導入,特定のパーソナリティ理論に基づく類型の把握などの変革が行われた。これらは,その第5版DSM-5第2部のパーソナリティ障害診断まで引き継がれている。 |

| ⑥2013年
DSM-5代替診断基準 | DSM-5第3部のパーソナリティ障害代替診断基準では,新しい診断方式が提案されている。それは,パーソナリティ機能(自己機能と対人関係機能)の減損の程度と広がり,5種類の病的パーソナリティ傾向の程度によってパーソナリティ障害を診断しようとするものである(表3,表7参照)。 |

　現代的なパーソナリティ障害に対応する精神医学的概念が提唱されたのは19世紀初頭である。フランスのピネル(Pinel, P.)は,明らかな精神症状が認められないのに窃盗,殺人・傷害,激しい怒りの発作などの病的行動を繰り返すことを特徴とする症例を記述し,「妄想なき狂気(manie sans délire)」(1801)とそれを呼んだ。また,英国のプリチャード(Prichard, J. C.)は,背徳症候群(1835)の概念を提示した。ただしここでは,背徳(moral insanity)という言葉が使われているが,それは,現代の道徳的な意味でなく「品位と作法に適っていない」ことを意味するものであった。

　その後,ベルギーのモレル(Morel, E., 1852-3)やフランスのマニャン

(Magnan, V., 1886)によって,その異常行動を広い範囲の精神障害や病的状態と関わる遺伝的特質や体質的異常のゆえとする変質論が展開された。イタリアのロンブローゾ(Lombroso, C., 1872-1887)の生来的犯罪者説もこの変質論に含まれる。ドイツでは,コッホ(Koch, J. L. A., 1888)などによる異常行動を繰り返す人々が精神病と正常の中間に位置づけられるとする「中間者」概念が提唱された。

多くの精神医学の教科書でパーソナリティ障害概念の成立とみなされるのは,シュナイダー(Schneider, K.)による精神病質概念の提示である(13)。彼は,その上位概念となる異常パーソナリティを平均的なパーソナリティからの変異として規定し,さらに精神病質パーソナリティを「その異常パーソナリティのゆえに自らが悩むか,または,社会が苦しむ(社会を苦しませる)異常」であると定義した。この精神病質パーソナリティと異常パーソナリティとの関係を図2に示す。

【図2：異常パーソナリティと精神病質パーソナリティの関係 (Schneider, K.)】

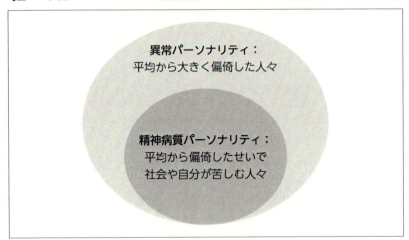

その後,臨床的に重要なパーソナリティ障害の類型が記述されていった。力動的精神医学(精神分析)では,フロイド(Freud, S., 1908)やアブラハム(Abraham, K., 1953)によって口唇性格,肛門性格が記述された。これらはそれぞれ,発達最早期の口唇期と,排泄のしつけが焦点となる肛門期に固

着点を持つ性格であり，依存対象への従属・依存を求めること，そして頑固・几帳面・潔癖であることが特徴だとされた。この両者は，後に依存性パーソナリティ障害，および強迫性パーソナリティ障害に通じるものである。さらに力動精神医学がその記述に貢献した類型としては，ヒステリー性格がある。これは，いわゆるヒステリー[1]の患者によく見られ，感情表出の激しさ，依存的で要求がましいこと，周囲の注目やケアを求めることが特徴だとされた。この類型は演技性パーソナリティ障害へと発展した。

クレッチマー（Kretschmer, E.）の気質・病質論（1945）(11)では，統合失調症，気分障害，てんかんに気質的に共通のものとして循環病質（気質），統合失調病質（気質），類てんかん病質が指定され，それぞれが現実主義的で周囲の状況に順応する・太り型体型，非社交的で臆病で従順・痩せ型体型，粘着性と爆発性・闘士型体型という性格傾向と体型に対応するものとされた。

世界保健機関（World Health Organization（WHO））の国際疾病分類（ICD），米国精神医学会の診断と統計のための診断基準マニュアル（Diagnostic and statistical manual of mental disorders（DSM））では，時代ごとにパーソナリティ障害の類型を取り入れる努力が行われていた。例えば，ICD第6版（1948）では，クレッチマーの気質・病質類型やシュナイダーの精神病質パーソナリティ類型の一部が収載され，さらにDSM-Ⅰ（1952）では，社会病質パーソナリティが加えられた。

1980年に刊行された米国精神医学会の診断基準第3版（DSM-Ⅲ）(2)は，パーソナリティ障害概念の歴史における大きな区切りとなった。DSM-Ⅲで行われた改革の中で特に重要なのは，次に示すミロン（Millon T., 1980）の理論に基づく類型・タイプの採用と，多神論的記述的症候論モデルの導入である。

1）ヒステリーとは，身体表現性障害や解離性障害の一部を意味する用語であった。しかしこの言葉は，古代ギリシャのその疾患が「子宮遊走」のせいで起きるという説に由来するものであり，性別について重大な誤解を生じさせていた。そのため，1980年のDSM-Ⅲ以来，ヒステリー性格は，演技性（histrionic）パーソナリティ障害へと名称が変更された。

(1) ミロンの理論に基づく類型分類

　DSM-Ⅲのパーソナリティ障害の類型は，ミロンの作成したパーソナリティ評価法（臨床多軸目録）から理論的に導かれたものとして規定されている(2)。この理論では，2種の行動パターン（能動・受動）と4種の対人関係（依存・独立・両価・分離）の組み合わせで8（2×4）種の類型が規定され，それに基づいて従来の類型の位置づけが定められている。これを表1に示す。

【表1：ミロンによるパーソナリティ障害の類型とその特徴】

	依存	独立	両価	分離
能動	演技性パーソナリティ障害	反社会性パーソナリティ障害	受動攻撃性パーソナリティ障害	回避性パーソナリティ障害
受動	依存性パーソナリティ障害	自己愛性パーソナリティ障害	強迫性パーソナリティ障害	統合失調質パーソナリティ障害

表1の注：境界性，妄想性，統合失調型パーソナリティ障害は，重症の類型ということでこの表には含まれていない。
　　　DSM-Ⅳ以降，受動攻撃性パーソナリティ障害は正式な類型として含まれなくなっている。

　この表について例を挙げて説明しよう。依存性パーソナリティ障害は，受動・依存によって特徴づけられる類型とされる。また，回避性パーソナリティ障害は，従来規定されていなかったのであるが，能動・分離を特徴とするものとして新たに作成された類型であった。このようなパーソナリティ障害の各類型を理論的に把握し整理しようとする試みは，その後も続けられている。

(2) 多神論的記述的症候論モデルの導入

　この診断モデルは，患者にパーソナリティ障害の類型ごとに定められた診断基準項目が一定数以上当てはまるなら，その類型が診断されるという診断方法である。この診断手法の最大の利点は，診断の信頼性（一人の患者の診断を評価者や評価時期を変えてもその診断に到達できる可能性のこと）を高める

ことができる点にある。従来行われていた患者の全体的な特徴から直観的に診断する診断法（カテゴリカルモデル）には，信頼性が低いという重大な問題があった。この多神論的記述的症候論モデルは，その問題を一部解消することに成功した。実際のパーソナリティ障害の各類型の診断では，7～9項目の診断基準が準備され，それぞれに定められた3～5の域値以上の診断基準項目が該当することが，その類型を診断する条件だとされる[2]。

　これらのDSM-Ⅲの考え方は，現在のICD-10，DSM-5第2部の診断基準に引き継がれている。

4　現在のパーソナリティ障害の概念・定義

(1)　従来の考え方を踏襲する立場

　現行のICD-10におけるパーソナリティ障害の定義(15)を表2に示す。

【表2：国際疾病分類第10版（ICD-10）における
パーソナリティ障害の定義（一部省略）】

> 　パーソナリティ障害は，「いくつかの根深く，持続的な行動パターンから構成されており，社会的状況に対する個人の柔軟性を欠く広範な反応として顕れる。これらのタイプは，個々の文化における平均的な個人の感じ方，考え方，他者との関わり方から，極端に相違し偏っている。そしてこれらは変化を受け付けず，行動面および心理機能の多くの側面に影響を及ぼす性質がある。また，ほとんど常にさまざまな程度の主観的苦痛や社会的機能の障害と結びついている」ことを特徴とする精神障害である。

2）これを境界性パーソナリティ障害の診断基準を例に挙げて説明しよう。その診断基準の項目は，①見捨てられ体験を避ける努力，②不安定な対人関係，③同一性障害，④2種以上の衝動的行動（ただし⑤を含まず），⑤自殺の脅かし，自殺未遂または自傷行為の繰り返し，⑥顕著な感情的不安定さ，⑦慢性的な空虚感，退屈，⑧不適切で激しい怒り，⑨ストレスに関連した妄想的念慮もしくは重症の解離症状であり，患者にこれらのうち5つ以上が当てはまるなら，境界性パーソナリティ障害と診断されることになる。これによる診断では，その診断の下に一定程度共通性のある多様な患者が含まれることになる。

この定義は,「平均からの偏倚」の概念などそれまでの歴史の中で積み重ねられてきた議論（後述）を集めたものである。

次にDSM-5（2013）における全般的診断基準の記述を示す[3]。ここでの基本的特性の記述は, パーソナリティ障害の1つの定義として見ることができる。

さらに, ICD-10の研究用診断基準（DCR）(1993)やDSM-5の第2部「診断基準とコード」では, 全般的診断基準の中に, パーソナリティ障害の基本的特徴の記述が含まれている(1)。

【表3：DSM-5 第2部のパーソナリティ障害の全般的診断基準（一部省略）】

パーソナリティ障害を診断する際には, 以下の条件を満たすことが必要である。 A. その人の属する文化から期待されるものより著しく偏った内的体験および行動の持続的パターンがある。それは, 以下の2つ以上の領域に表れる。 　(1) 認知（自己, 他者, および出来事を知覚し解釈する様式）, (2) 感情（情動反応の広がり, 強さ, 不安定さ, 適切さ）, (3) 対人関係機能, (4) 衝動の制御。 B. その持続的パターンは, 柔軟性が欠けており, 広い範囲の個人的および社会的状況に及んでいる。 C. その持続的パターンによって, 臨床的に明らかな苦痛, または社会的, 職業的もしくは他の重要な領域における機能障害が引き起こされている。 D. その持続的パターンは長期間安定して持続しており, その始まりは青年期もしくは早期成人期に認められる。 E. その持続的パターンは, 他の精神疾患の表れまたはその結果ではない。 F. その持続的パターンは, 薬物の作用や一般身体疾患によるものではない。

表3では, パーソナリティ障害の基本的特徴（診断の条件）として,「平均からの偏倚」であると同時に広い範囲の機能を巻き込んでいる障害であること（基準A）, 障害の顕れる状況が広く, 持続期間も長いこと（基準B, D）, 障害が他の精神疾患や身体的状況によって十分説明されないこと（基

3）これは, 前版DSM-IV, およびICD-10の研究用診断基準（DCR）のものをほとんどそのまま引き継いだものである。

準E, F) が示されている。

(2) DSM-5代替診断モデルの考え方

DSM-5第3部では,「新しい尺度とモデル」として代替診断基準が提案されている[4]。この新しい診断基準には,その障害が広い機能領域および生活場面に及ぶものであること,長期的に持続するものであることなどの従来の記述がほぼ踏襲されている一方で,多くの理論的に洗練された新しい考え方が組み入れられている。

まず,この代替診断基準では,パーソナリティ障害がパーソナリティ機能の障害として明快に定義されている。ここでいうパーソナリティ機能とは,表4に示されているように,自己機能,対人関係機能であり,さらにそのそれぞれが2つに分けられて記述されている。ここでは,これらの4

【表4：DSM-5代替診断モデルで規定されているパーソナリティ機能の4領域(要約)】

パーソナリティ機能の領域		説　明
自己機能	同一性	自己と他者との明瞭な境界をもって唯一の存在としての自己を体験すること；自尊心の安定性と自己評価の正確さ；幅広い感情を体験し制御する能力
	自己志向性	一貫した有意義な短期的目標および人生の目標の追求；建設的で向社会的な行動規範を利用すること；生産的に内省する能力
対人関係機能	共感性	他者の体験と動機の理解と尊重；異なる見方の容認；自分自身の行動が他者に与える影響の理解
	親密さ	他者との関係の深さと持続；親密さに対する欲求および適応力；対人行動に反映される配慮の相互性

4) DSM-5では,第2部と第3部とで異なるパーソナリティ障害の診断基準が収載されている。前者は従来のDSM-Ⅳのものをほとんど変更せずに載せたものであり,後者は新たに開発されたが,今後,大幅な修正が行われる予定のものである。

第Ⅲ部　精神医学の専門的見地からのパーソナリティ障害の解説

領域の2つ以上に中等度以上の障害があることがパーソナリティ障害を診断するための条件とされている。

　さらに，この代替診断基準では，否定的感情（vs 感情安定），離脱（vs 外向性），対立（vs 協調），脱抑制（vs 誠実性），および精神病性（vs 明晰性）の5つの病的パーソナリティ特性の評価が求められている。この5つの病的パーソナリティ特性は，表5に示すように，コスタとマックリー（Costa, P.T & McCrae, R. R.）が提唱するパーソナリティ評価のための主要5因子モデルの因子（神経症傾向，内向性（vs 外向性），調和性，誠実性，開放性）とほぼ対応している(9)。ここでは，病的パーソナリティ特性とは一般に見られるパーソナリティ傾向の病的側面を取り上げたものと捉えられていることがわかる。すなわちここにおいて，パーソナリティ障害の特徴は，主要5因子モデルによってパーソナリティ心理学に対応するものとして位置づけられるに至ったということである。

　実際のパーソナリティ障害の類型の診断作業は，2つの段階から構成される。まず，パーソナリティ機能（表4，8参照）の2項目以上に障害があることを確認する。次いで，5つの病的パーソナリティ特性の各項目（側面）についての検討が行われる。その結果，表7の6種の類型のどれかに該当すれば，その類型が診断され，該当しないならば「特性が特定されたパーソナリティ障害」と診断され，確認された特性側面と共にその診断が記述される[5]。

(3)　類型とその特徴

　ここでは，パーソナリティ障害の類型について概説する。DSM-Ⅳ～5第2部のパーソナリティ障害では，10の類型が措定されている。それらの

---

[5] ここでは，境界性パーソナリティ障害の診断基準を例として示す。そこでは，3つの病的パーソナリティ特性（否定的感情，脱抑制，対抗）に属する7つの側面：①情動不安定（否定的感情の一側面），②不安傾向（否定的感情の一側面），③分離不安（否定的感情の一側面），④抑うつ傾向（否定的感情の一側面），⑤衝動性（脱抑制の一側面），⑥無謀さ（脱抑制の一側面），⑦敵意（対抗の一側面）のうち4つ以上があり，そのうちの少なくとも1つは⑤，⑥，⑦のいずれか（脱抑制と敵対のどちらか）である必要があるとされる。

【表5：病的パーソナリティ特性と主要5因子モデルとの対応】

病的パーソナリティ特性		主要5因子モデルの パーソナリティ傾向
否定的感情（vs 感情安定） 広範囲で高度の否定的感情がしばしば体験される。それらは，不安，抑うつ，罪悪感，羞恥心，怒りなどの感情であり，さらにそれに基づく自傷行為などの行動や依存などの対人関係の問題が生じる。	―	**神経症傾向** 敏感で気持ちが動揺しやすい。ストレスを感じやすく，すぐに緊張する。また，罪悪感，怒り，悲しみなどの気持ちを感じやすく，自分の存在感に疑問を感じることが多い。
疎隔（vs 外向性） 社会的感情的関わりを避ける。対人関係から引きこもる，楽しむことなどの感情体験を避けるといった特徴を示す。	―	**内向性（vs 外向性）** 内気で内向的で，1人でいることが好きで，考え込みやすい。次々に仕事をこなしていくというより，何事にもじっくり取り組む傾向が強い。
対抗（vs 調和性） 自己イメージが尊大で，自分に特別扱いを求めること，他者に嫌悪感・反感を抱くこと，他者への配慮なしに自分のために利用すること，などの対立をもたらす態度・行動を示す。	―	**調和性のなさ（vs 調和性）** 懐疑的で競争心が強く，自尊心が高くて，怒りを直接的に表現する傾向である。他の人を厳しく批判する傾向が強く，家族や同僚とすぐに口論になることが多い。
脱抑制（vs 誠実性） 直接的に欲求の充足を求めて，その場の考えや感情，状況からの刺激に反応して衝動的な行動に走る。	―	**誠実性のなさ（vs 誠実性）** 細かいことにこだわらず，計画や目標を立てて努力することがあまりない。仕事でも勘に頼ることが多い。
精神病傾向（vs 明晰性） 文化にそぐわない奇妙な，普通でない行動や認知を示す。	―	**開放性のなさ（vs 開放性）** 保守的で自分のやり方にこだわる傾向がある。いくつかの対案を出して比較検討するということは得意でない。

【表6：DSM-5第2部におけるパーソナリティ障害の類型】

	類　型	中心的特徴	臨床特徴
A群・奇妙で風変わり	妄想性パーソナリティ障害	他者への疑念や不信から、危害が加えられることや裏切りを恐れること。	妄想性障害、妄想型統合失調症を発症しやすい。男性に多い。
	統合失調質パーソナリティ障害	非社交的、孤立しがちで、他者への関心が希薄のように見えること。	かつて統合失調症の病前性格と言われていた。
	統合失調型パーソナリティ障害	思考が曖昧で過度に抽象的で脱線すること、感情が狭くて適切さを欠くこと、対人関係で孤立しやすいこと。	7％が統合失調症に発展するという報告がある。
B群・演技的感情的で移り気	境界性パーソナリティ障害	感情や対人関係の不安定さ、衝動をうまく制御することができないこと。	うつ病などの精神障害を合併。臨床現場で高頻度。女性に多い。生涯自殺率9％という報告がある。
	自己愛性パーソナリティ障害	周囲の人々を軽視し、周囲の注目と賞賛を求め、傲慢、尊大な態度を見せること。	うつ病や物質使用障害が多く合併。男性に多い。
	反（非）社会性パーソナリティ障害	他者の権利を無視・侵害する行動や、向こう見ずで思慮に欠け、暴力などの攻撃的行動に走ること。	物質使用障害の合併が多い。素行症から多く発展する。男性に多い。
	演技性パーソナリティ障害	他者の注目や関心を集める派手な外見や大げさな行動。	女性に多い。
C群・不安・恐怖を感じている	依存性パーソナリティ障害	他者への過度の依存。自らの行動や決断に他者の助言や指示を求めること。	うつ病、パニック障害に多く合併。女性に多い。
	強迫性パーソナリティ障害	一定の秩序を保つことへの固執、融通性に欠けること、几帳面、完全主義や細部への拘泥。	男性に多い。
	回避性（不安性）パーソナリティ障害	周囲からの拒絶や失敗することを恐れ、強い刺激をもたらす状況を避けること。	社交不安の合併が多い。

特徴を表5に示す。ICD-10のパーソナリティ障害の類型は，これとほぼ同じであるが，名称が異なる場合，そのICD-10の名称を括弧に入れて示す。また，DSM-5第3部の代替診断モデルに示されている6種類の特定のパーソナリティ障害（表7参照）は，この表6の類型と基本的に同じである。代替診断モデルで類型がそれまでの10種（表6）から6種（表7）に減らされた主な理由は，パーソナリティ障害類型同士の診断合併率を減らすためということである。

DSM-5第3部の代替診断モデルでは，先述の5つの病的パーソナリティ特性の程度（高低）によって，特定のパーソナリティ障害の6つの類型が記述されている。それを表7に示す。

この表では，例えば反社会性パーソナリティ障害において対抗と脱抑制が高いというように，パーソナリティ障害類型のそれぞれは，5種の病的パーソナリティ特性によって特徴づけられる。これは，それぞれのパーソナリティ障害類型のパーソナリティ特性による記述として見ることができる。

【表7：DSM-5第3部の代替診断モデルの6種のパーソナリティ障害と病的パーソナリティ特性との関連】

病的パーソナリティ特性	反社会性パーソナリティ障害	回避性パーソナリティ障害	境界性パーソナリティ障害	自己愛性パーソナリティ障害	強迫性パーソナリティ障害	統合失調型パーソナリティ障害
否定的感情		高	高		高	
離　　脱		高			高	高
対　　抗	高		高	高		
脱 抑 制	高		高		低	
精 神 病 性						高

第Ⅲ部　精神医学の専門的見地からのパーソナリティ障害の解説

5　パーソナリティ障害の疫学

　パーソナリティ障害は，一般人口において高い比率で見出される。コイド（Coid, J., 2003）の総説によると，構造化面接を用いた研究において一般人口の10‑15％に何らかのパーソナリティ障害が見出されており，個々の類型では，それぞれが一般人口の1‑2％に認められるとされる(8)。プライマリーケアの場や精神科臨床では，有病率が25％程度に上昇する。
　パーソナリティ障害の頻度は，このように極めて高い。他方，精神科医療機関で治療を受けている患者の比率は，他の精神障害に比べて特に大きいわけではないので，これは，それと診断される人々の大部分が精神科治療や特別な援助なしに地域社会で生活していることを意味している。

6　パーソナリティ障害の病態・病因の理解

　パーソナリティ障害の病態・病因についての研究は，近年，急速に進められている。それは，遺伝的要因などの生物学的要因と，生育環境などの心理社会的要因とに分けることができる。

(1)　生物学的要因

　精神障害の生物学的要因の基底には，遺伝的要因がある。例えば，従来の家族研究では，境界性パーソナリティ障害の感情不安定と衝動性とに家族集積性のあることが認められている(8)。
　神経生理学的研究でもパーソナリティ障害における様々な所見が見出されている(8)。例えば，反社会性，境界性パーソナリティ障害では，その衝動性が神経情報の伝達系の一つであるセロトニン系の機能低下と関連しているという報告がある。中枢神経系の画像研究でも多くの知見がもたらされている。例えば，境界性パーソナリティ障害では，帯状束のセロトニン系の反応低下といった辺縁系と前頭葉の回路の機能低下の所見が多く報告されている。

(2) 生育環境・心理社会的要因

パーソナリティ障害の成り立ちにおいては，発達過程や生育環境も重視されなければならない。例えば，境界性，反社会性パーソナリティ障害では，劣悪な養育環境（発達期の虐待，貧困や施設での生育など）が発生要因に関わりがある。1990年代からは，境界性パーソナリティ障害の生育史（虐待，親子関係）についての後方視的研究が行われ，養育環境要因の確認が進められている(4)。

パーソナリティ障害は，特に社会文化的要因の影響を受けやすいと考えられている(15)。例えば，境界性パーソナリティ障害の増加は繰り返し指摘されてきたが，そこには社会・文化の影響が大きく作用していると指摘されている(12)。筆者ら(7)は，精神科救急入院患者の年次変化の調査において，パーソナリティ障害患者が自傷行為・自殺未遂のケースと連動して増加していることを見出し，そこに核家族化や逸脱行動への社会の対応の変化の影響の関与について考察している。

7 パーソナリティ障害の治療

パーソナリティ障害の治療についての研究は，現在，世界の多くの国，地域で進められており，大きな実績を上げている。わが国におけるそれらの治療法の普及はまだ不十分であるが，それらの考え方は，わが国のさまざまな治療場面で応用されている。

(1) 心理社会的治療（心理療法）

パーソナリティ障害の治療では，支持的精神療法（精神療法的管理），認知療法，精神分析的精神療法といった心理社会的治療の主要な方法がほとんどすべて実践されてきた。この他にも，家族療法，デイケア，集団療法などのさまざまな種類の治療法が患者の特性に合わせて用いられている。

a．効果が確認された心理社会的治療

近年の動きで特に注目されるのは，境界性パーソナリティ障害に対する

心理社会的治療の効果についての無作為化対照比較試験（RCT）による研究が次々に発表されていることである(6)。

RCTで効果が確認された最初の心理療法は，1991年にその効果を確認する論文が発表された米国のリネハン（Linehan, M.）が開発した弁証法的行動療法（Dialectic behavior therapy（DBT））である。DBTでは，①マインドフルネス（現実的で冷静な自己観察，現実認識の技能），②困難に耐える技能（マインドフルネスを応用したもの），③感情統御技能，④実際的な対人関係技能が修得されるべき基本的技能だとされている。この治療は，週2回の教育的技能訓練と行動リハーサルの行われる集団技能訓練と，週1回の個人面接から構成され，1年間以上続けられる。

次に効果が実証されたのは，英国のベイトマンとフォナギー（Bateman, A. & Fonagy, P.）が開発したメンタライゼーション療法（Mentalisation-based treatment（MBT））(3)である。その治療の目標は，メンタライゼーション（自分やまわりの人の行動がその考えや気持ちといった心理的過程から起こることを理解する能力）を高めることである。MBTでは，さまざまな対人関係や出来事の体験から自分自身の心理状態を理解し，自分や他者の行動についての学びを深める訓練が行われる。その後，2000年代には，ヤング（Young, J.）のスキーマ療法，クラーキン（Clarkin, J.）らの転移に焦点づけられた精神分析的治療などのプログラムの効果研究が実施され，効果があることが実証されている(6, 12)。これらの治療では，自傷行為や自殺未遂といった境界性パーソナリティ障害の症状を軽減させることが確認されている。

b．地域における対応，治療

パーソナリティ障害に関連する自殺未遂や暴力といった行動は，地域で多く問題になる。それゆえその対応は，地域や学校，救急医療の現場で行われる必要がある。英国でのパーソナリティ障害に対応する地域精神保健活動は，危機介入チーム，小児思春期精神保健チーム，早期介入チームなどの多職種チームによって担われている。これらの活動の概要を知るには，それが依拠している英国の国立最適医療研究所（National Institute for Health and Clinical Excellence（NICE））によってまとめられた，境界性パーソナリティ障害患者の評価や治療の導入のための地域や救急医療機関で用いられ

るガイドライン（2009）や反社会性パーソナリティ障害の暴力を主な対象とするガイドライン（2009），自殺関連行動を見せる人々の評価や治療の導入のための地域や救急医療機関で用いられるガイドラインが有用である(6)。ここではまた，予防医学的視点から，地域や学校，救急医療の場において早期の介入，治療の導入を行うことがパーソナリティ障害の問題の拡大防止に貢献することが強調されている。

(2) 薬物療法

薬物療法は，やはり有力な治療法の1つである。めざましい効果が期待できない性質ではあるものの，薬物療法によって精神症状を一時的にでも軽快させることができたなら，それが患者にとって大きな便益となることは稀でない。

従来の薬物療法についての知見は，統合失調型パーソナリティ障害などの受動的な類型には少量の抗精神病薬，境界性，反社会性パーソナリティ障害の衝動性や感情不安定には選択的セロトニン再取り込み阻害薬（SSRI）や感情調整薬，回避性パーソナリティ障害の不安や抑うつにはSSRIやモノアミン酸化酵素阻害薬（MAOI）がそれぞれ有効だとまとめられる。さらに最近では，境界性，統合失調型，反社会性パーソナリティ障害に対する非定型抗精神病薬の有効性が確認されている(14)。

8 パーソナリティ障害の予後

近年，パーソナリティ障害の特徴は，従来考えられていたほど持続的でないことが明らかにされている。従来から多くの経過研究が行われていたのは，境界性パーソナリティ障害においてであるが，近年の研究では，相当部分が改善するが，再発も多いという結果になっている(5)。ザナリニ（Zanarini, M.）ら（2012）は，患者の退院後16年間の経過研究に基づいて，2年以上の寛解，回復（全般的機能評価尺度（GAS）>60（中等度以上の機能状態：就学やアルバイトが可能な機能状態）となること）をそれぞれ99％，60％が経験

するけれども、2年以上の寛解の後に36％が再発する、2年以上の回復の後に44％が回復の状態を失うと報告している。筆者（2012）は、長期経過の総説において、境界性パーソナリティ障害の人々がライフサイクルの展開の中で経験を積むことで改善していると考えられることを報告した。

パーソナリティ障害診断が経過中に変化することは、他の類型でも報告されている。神経症のパーソナリティ障害患者の12年間の変化を調査したスーベライト（Sievewright, H.）らの研究（2002）では、その期間の中で同じ類型にとどまっている率が低いことが報告されている（境界性パーソナリティ障害患者が、それが含まれるB群クラスター（演技的・感情的で移り気な群）にとどまっている率でさえわずか30％であった）。これらの所見は、パーソナリティ障害が経過の中で変化・改善する精神障害であることを示している。

❾ パーソナリティ障害の問題の性質とその対応

(1) 問題の性質

パーソナリティ障害では、その行動によって周囲の人々に悪影響が生じることで問題が認識されることが一般的である。これは、抑うつや不安、幻覚・妄想といった精神症状がまず顕れて、そこから問題行動が生じることが多い一般の精神障害と大きく異なる特徴である。

これは、パーソナリティ障害の問題が当事者を取り巻く状況と当事者との相互関係の所産であることに由来している。ここで問題になるのは、パーソナリティ機能の低下などとして把握されるパーソナリティ障害の病理である。基本的にパーソナリティ障害が責任能力に決定的な影響を与えることはないと考えられているが、彼らでは、自分の行動によって生じる影響を予測して適切に行動することや、状況を把握し有効な自己表現を行う能力が損なわれている可能性がある。それゆえ、実際には、パーソナリティ障害の人の権利を守る、もしくは権利行使を援助するためには、彼らのパーソナリティ機能の状態に配慮することが必要となる。

表8にDSM-5第3部代替診断基準の各類型のパーソナリティ機能の減

損（それぞれの領域の中程度以上のもの）(1)を示す。

この表は，パーソナリティ障害の人々が被っている機能障害の記述として読むことができる。彼らでは，このような障害のために，生活の中で苦難を引き寄せてしまい，それがさらなる機能低下をもたらすという，一種の悪循環に陥っていることがしばしばある。

【表8・DSM-5代替診断基準の6種類の類型のパーソナリティ機能の減損（一部省略）】

	自己機能 （① 同一性， ② 自己志向性）	対人関係機能 （③ 共感性， ④ 親密さ）
反社会性パーソナリティ障害	① 自己中心性：自尊心が自分の得た利益，権力または快楽に由来している。 ② 自己の満足を追求することが目標となっている。	③ 他者の感情，欲求に無関心。良心の呵責が乏しい。 ④ 相手をだますことや強制が他者と関わる主な手段。支配や威嚇によって他者を操作する。
回避性パーソナリティ障害	① 自分を無能，魅力がないとみる。過度な恥の感覚。 ② 新たな対人的活動に取り組もうとしない。	③ 批判または拒絶に過敏。 ④ 好かれていると感じなければ人と関わろうとしない。恥をかくことを恐れて，親密な関係を避ける。
境界性パーソナリティ障害	① しばしば過度な自己批判を伴う不安定な自己像。慢性的空虚感。ストレス下での解離状態。 ② 目標，志望，価値観，または人生設計の不安	③ 侮辱されたと感じやすい。偏った他者への否定的評価。 ④ 葛藤が多く生じる不安定な親密な関係。理想化とこき下ろし，巻き込まれとひきこもりが見られ

	定さ。	る。
自己愛性パーソナリティ障害	① 自尊心を制御するため他者を利用。過大，過小な自己評価。感情制御は自尊心で変動。 ② 他者からの承認が目標。自己評価の基準が不合理に高いまたは低い。自分の動機に無自覚。	③ 他者の感情・欲求を認識する能力低い。自分に関係があると他者の反応に敏感になる。自分の影響を過大または過小に評価。 ④ 対人関係が表面的で，自尊心の制御に利用される。他者に関心なく個人的利益の追求を優先。
強迫性パーソナリティ障害	① 仕事や業績が自己感覚の源。強い情動の体験・表出が少ない。 ② 過度に良心的倫理的なため課題遂行が困難。	③ 他者を理解し，尊重できない。 ④ 対人関係を仕事および業績に従属するものとしてみる。対人関係に悪影響を及ぼす堅苦しさ，頑固さ。
統合失調型パーソナリティ障害	① 自己と他者の境界が混乱。ゆがんだ自己概念。内的体験に一致しない感情表出。 ② 非現実的な目標。明確な内的規範がない。	③ 自身の行動の他者への影響を理解できない。他者の動機および行動を誤解する。 ④ 不信感や不安があり，親密な関係を形成できない。

(2) 問題への対応

　彼らとの関わりでは，基本的に一般の人の場合と異なる特別な対応方法を考慮する必要はない。自らの意志で行動できる独立の個人として扱えばよいし，治療を受けることを自らの権利を行使するための条件とすること

も，代理人や後見人を必要とすることもないのが原則である。しかし，認知の偏りや逸脱した行動によって当事者が不利益を被る可能性があるので，認知，行動の修正を求める働きかけが必要になることが少なくない。その際のポイントとしては次の3つを挙げておきたい。

　第1は，問題と取り組む上で認識するべきこと，行動するべきことを繰り返し説明することである。本章4(1)で述べたように，パーソナリティ障害の特徴は広範囲の認知・行動の偏りであるが，彼らのそれらを把握する力が損なわれてはいないので，局面ごとに自分の不利益を避け，自分の主張が周囲に受け入れてもらうための方法について説明を繰り返すことがその偏りの修正の契機となりうる。しかし，基本的に短期間で解消する性質の問題ではないことを知っておく必要がある。さらに，問題となる領域は広いので，それをいちどきに扱うのはもとより困難である。このような問題に対しては，具体的な出来事に個別的に対応していくことが現実的であろう。

　第2のポイントは，当事者の意見，意志を最大限に尊重しようとすることである。彼らの問題に最大の影響を与えられるのは彼ら自身である。それは，彼らの主要な問題の1つが自らの意志が関与して行われる行動だからである。それゆえ，彼らが納得して自らの意志で修正の提案を実行することがもっとも大きな効果を生むことになる。これは，精神科治療にも当てはまる原則である。ただし，このような行動が実現するまでには，一定の積み重ねが必要である。特に対人関係で不信感や不安を強めて，信頼関係を形成することが困難なケースでは，そのような作業は遅れがちになるだろう。地道に1つひとつの問題を解決してゆくことが相互信頼への近道となろう。

　3番目は，家族や就職先の同僚や上司などの関係者との連携・協力である。関係者との連携・協力には，それを行うために当事者の許可が必要であるが，さまざまな意義がある。例えば，当事者の心理的動揺が激しい時期に家族に心理的サポートを依頼するといったことである。

　パーソナリティ障害の問題の多くは，周囲の状況や出来事への反応として生じているが，そのことは，問題行動の発生がこのような関係者の関与

によって回避されうる，もしくはその悪影響を減じることができることを意味している。

ただし，これは一種のチーム作業となるだけに，関与しているメンバー同士の情報共有[6]や，互いの役割・目標を明確にし，それぞれを互いに尊重するといった配慮が必要である。

(3) 精神保健相談機関，精神科治療との関わり

精神科治療には，パーソナリティ障害の問題を軽快させることに貢献してきた実績がある。しかし，それなしで回復が期待できないものでもない。それは，本章5で示したように，多くのパーソナリティ障害と診断される人々が，治療や特別の援助なしに人生を渡って行っているという事実から明らかである。また，当事者が治療を受け入れない場合，ほとんどその効果を期待できないことも事実である。パーソナリティ障害の治療では，彼らがそれに動機づけられているかどうかが特に重要である。説き伏せられて受診する，強制されて受診するということは，効果的な治療に繋がりがたいのである。治療を受ける意志が不十分な状態では，動機づけを勧めるアプローチが行われる。しかしそこでも，受診するかどうかも含めて本人に決めてもらうという，本人の意志をとことん尊重するというスタンスが重視されている。

治療への意欲が足りない段階では，家族などの関係者に保健相談所などの精神保健関連施設での相談を勧めることが有益かもしれない。それらの施設は，パーソナリティ障害当事者の関係者への相談などの援助体制を整備している。すぐに治療に結びつかなくとも，相談などの援助を続けることで，当事者の改善，医療機関への受診を導くことを十分期待できる。

この精神科治療機関や精神保健関連施設との協力は，やはり一種のチーム活動である。そこでは，参加メンバーがそれぞれの役割や目標を理解し，互いにそれを尊重して関わることといった，前節で述べたチーム活動の原

---

6) 共有される情報の範囲はあらかじめ検討し，当事者の許可をもらっておくことが原則的に必要である

則を遵守しなくてはならない。

10 おわりに

　パーソナリティ障害の概念は，人間の基本的な環境との関わり方を反映するものである。それは，社会適応の障害や社会生活で生じる問題に密接に関連している。それゆえ，大きな人生上の出来事に見舞われるとパーソナリティ障害の問題が悪化するのは，むしろ当然のことである。法律的問題に巻き込まれることは，そのような出来事の典型である。逆にパーソナリティ障害の問題のせいで，彼ら自身が訴訟を起こすことも，彼らが訴訟を起こされることも多く発生する。その状況でパーソナリティ障害の問題が強まることは，当事者と関係者に大きなストレスを引き起こす。彼らは，適切な援助を切実に必要としている人々である。

　精神科医療の経験や精神医学の知見は，法律的な問題について彼らを援助する上でより適切に対応するための指針を与えてくれる。例えば，これまでの研究において，治療の有効性や患者の豊かな回復可能性が確認されていることは，彼らとの法律的問題を解決する関わりの中で，協力関係が形成され，問題の解決が実現できるという希望を裏付けている。彼らはまた，現実生活の中で問題を修正して回復に向かう経験を積み重ねていることも事実である。法律的問題で苦しむ彼らを援助するために求められていることは，パーソナリティ障害からの回復の難しさと希望を理解しつつ，日々の援助活動の中で当事者との間に実効性のある関りを積み重ねることである。

第Ⅲ部：文献　　　　　　　　　　　　　　　　　　　　（アルファベット順）

※　第Ⅲ部内で参照，引用している文献は，下記の番号にて省略して表示しています。

(1) American Psychiatric Association. *Diagnostic and Statistical Manual of Mental Disorders, Fifth Edition*（*DSM-5*）. Washington, DC: American Psychiatric Association, 2013. 日本精神神経学会（日本語版用語監修），髙橋三郎＝大野裕（監訳）(2014)．DSM-5 精神疾患の診断・統計マニュアル．医学書院．
(2) American Psychiatric Association. *Diagnostic and Statistical Manual of Mental Disorders, Third Edition*（*DSM-III*）. Washington D.C.: American Psychiatric Association, 1980. 髙橋三郎（監訳）(1982)．DSM-Ⅲ精神障害の分類と診断の手引．医学書院．
(3) Bateman A, and Fonagy P. *Psychotherapy for borderline personality disorder: Mentalization-based treatment*. New York: Oxford University Press USA, 2004. 狩野力八郎＝白波瀬丈一郎訳『メンタライゼーションと境界パーソナリティ障害―MBTが拓く精神分析的精神療法の新たな展開』（岩崎学術出版社，2008）
(4) 林直樹「境界性パーソナリティ障害の生活歴・現病歴・家族関係」精神科治療学25巻11号（2010）1459-1463頁
(5) 林直樹「境界性パーソナリティ障害の長期予後」臨床精神医学43巻10号（2014）1457-1463頁
(6) 林直樹「境界例（境界性パーソナリティ障害）の非薬物治療」精神科25巻1号（2014）28-33頁
(7) 林直樹＝厚東知成＝高濱三恵子ほか「都立松沢病院夜間休日救急入院患者の精神科診断の21年間（1986-2006年）の変化：性比および自殺関連行動，暴力の変化との関連性に着目して」精神医学55号（2013）45-55頁
(8) 林直樹「パーソナリティ障害と行動異常」尾崎紀夫＝朝田隆＝村井俊哉編『標準精神医学〔第6版〕』（医学書院，2015）259-282頁
(9) 林直樹「パーソナリティ障害はどのような病気なのか？」こころの科学185号（2016）10-16頁
(10) 林直樹「パーソナリティ障害概念の歴史 DSM-Ⅲ以前」神庭重信＝池田学編『DSM-5を読み解く』（中山書店，2014）138-150頁
(11) Kretschmer E. *Korperbau und Charakter*. Berlin: Springer-Verlag, 1955. 相場均訳『体格と性格：体質の問題および気質の学説によせる研究』（文光堂，1960）
(12) Paris J. *Treatment of borderline personality disorder: A guide to evidence-based practice*. New York: The Guilford Press, 2008. 黒田章史訳『境界性パーソナリティ障害の治療―エビデンスに基づく治療方針』（金剛出版，2014）
(13) Schneider K. *Die Psychopathischen Persönlichkeiten*. Wien: Franz Deuticke, 1923. 懸田克躬＝鰭崎轍訳『精神病質人格』（みすず書房，1954）
(14) Stoffers J, Vollm BA, Rucker G, Timmer A, Huband N, and Lieb K. Pharmacological interventions for borderline personality disorder. *The Cochrane database of systematic reviews* CD005653, 2010.
(15) World Health Organization（WHO）. *The ICD-10 Classification of Mental and Behavioural Disorders. Clinical Descriptions and Diagnostical Guidlines*. Geneva: WHO, 1992. 融道男＝中根允文＝小見山実＝岡崎祐士＝大久保善朗監訳『ICD-10 精神および行動の障害：臨床記述と診断ガイドライン〔新訂版〕』（医学書院，2005）

あとがき

　本書は，弁護士を始めとする法律家が，パーソナリティ障害やパーソナリティの偏りを抱える難しい依頼者と，どう向き合い，どう関わればよいのかについて，私の弁護士と臨床心理士の2つの経験からまとめたものです。法律家に向けてパーソナリティ障害について述べた本は，恐らく日本では初めてのものだと思います。初めての試みであるがゆえに，また私の識見の足らなさのゆえに，本書の内容は残念ながら十分なものとは言えません。

　ただ，少なくとも本書が，難しい依頼者に果敢に向き合う法律家に，パーソナリティ障害という新しい視点を示すことはできたのではないかと自負しています。

　本書が1つの足掛かりとなって，法律家の方々が「難しい依頼者」に正面から向き合い，誠実で適切な対応法を選択し，それによって事件をスムーズに進め，結果として「難しい依頼者」の権利擁護を実現していただけたらと願っています。「難しい依頼者」とされる人々は，彼ら自身が人生の困難さに苦しんでいるでしょうから。

謝　辞

　法律家に向けてパーソナリティ障害を伝えることには大きな意義があると仰り，本書の執筆を勧めてくださった藤山直樹先生に感謝申し上げます。

　また，パーソナリティ障害についての深く，真摯なご見識のもとに，専門的な論考をお寄せくださるとともに，多くの貴重なご助言を下さった林直樹先生に，感謝申し上げます。

　法と心理が交錯する領域での活動に導いてくださった早稲田大学臨床法

あとがき

学教育研究所の宮川成雄先生，和田仁孝先生，須網隆夫先生，道あゆみ先生，難しい依頼者について考えるきっかけを与えてくださった，日本司法支援センター（法テラス）の皆様に感謝申し上げます。

そして法テラスの研修を契機として集まった仲間が，本書の事例についてディスカッションを重ね，リアルさと躍動感を吹き込んでくれました。ディスカッションに参加してくださったのは次の方々です。深く感謝申し上げます。

弁　護　士　浦崎　寛泰　先生（ソーシャルワーカーズ法律事務所）
弁　護　士　京野　哲也　先生（東京フィールド法律事務所）
弁　護　士　波戸岡光太　先生（アクト法律事務所）
弁　護　士　早坂由起子　先生（さかきばら法律事務所）
弁　護　士　馬場真由子　先生（日本司法支援センター）
弁　護　士　米村　俊彦　先生（加藤法律事務所）
臨床心理士　小澤　和輝　先生（こころのドア船橋）
臨床心理士　小尻与志乃　先生（西新宿臨床心理オフィス）
臨床心理士　隅谷　理子　先生（キューブ・インテグレーション）
臨床心理士　平子　雪乃　先生（国立精神・神経医療研究センター）
臨床心理士　檜原　広大　先生（心理相談室セコイア）
臨床心理士　堀江　桂吾　先生（日本女子大学人間社会学部心理学科）
臨床心理士　馬淵　聖二　先生（千歳烏山心理相談室）

最後に，本書の出版を一から教え導いてくださった日本加除出版の眞壁耕作さん，ディスカッションの録音の反訳にご尽力くださった吉原早織さん，そして編集者として忍耐強く寄り添ってくださった増田淳子さんに，厚く御礼申し上げます。

2018年1月

岡田　裕子

著者紹介

●岡田 裕子（おかだ ゆうこ） 臨床心理士，元弁護士

【経歴等】

東京大学法学部卒業
1992年　司法修習生（46期）
1994年　東京弁護士会登録，松尾綜合法律事務所に勤務
2000年　東京大学教育学部教育心理学コース卒業
2009年　弁護士法人早稲田大学リーガルクリニック在籍
2010年　臨床心理士資格取得。単科精神病院，精神科クリニック，学生相談室等に勤務
2011年　早稲田大学法科大学院非常勤講師（家事ジェンダークリニック）
2016年　上智大学大学院博士後期課程（心理学専攻）満期退学
2017年5月　東京弁護士会退会
現　在　早稲田大学臨床法学教育研究所招聘研究員，上智大学非常勤講師，きしろ心理相談室，神楽坂ストレスクリニック，法テラス「パーソナリティ障害対応研修」講師

【著　書】

『心の専門家が出会う法律』（共著，誠信書房，2009）
『現代法律実務の諸問題』（共著，第一法規，2017）

●林 直樹（はやし なおき） 帝京大学医学部精神神経科学講座教授

【経歴等】

東京大学医学部卒業
1993年　医学博士号取得（東京大学）
1980～1986年　東京大学附属病院分院神経科に勤務
1986～2013年　東京都立松沢病院精神科，東京都精神医学総合研究所（精神病理（精神分裂病）研究部門），都立松沢病院精神科部長を経て，
2013年～現在　帝京大学医学部附属病院メンタルヘルス科教授。東京医科歯科大学医学部臨床教授。東京大学教育学部客員教授。東京都精神医学総合研究所客員研究員

【著　書】

『境界例の精神病理と精神療法』（金剛出版，1990）
『人格障害の臨床評価と治療』（金剛出版，2002）
『パーソナリティ障害——いかに捉え，いかに対応するか』（新興医学出版社，2005）
『パーソナリティ障害とむきあう——社会・文化現象と精神科臨床』（日本評論社，2007）
『よくわかる境界性パーソナリティ障害——不安定な自分を変えていく，治療とセルフケア』（主婦の友社，2011）

難しい依頼者と出会った法律家へ
―パーソナリティ障害の理解と支援―

2018年2月27日	初版発行
2022年4月26日	初版第4刷発行

編著者　岡田　裕子
発行者　和田　裕

発行所　日本加除出版株式会社
本　　社　郵便番号 171-8516
　　　　　東京都豊島区南長崎3丁目16番6号
　　　　　ＴＥＬ（03）3953-5757（代表）
　　　　　　　（03）3952-5759（編集）
　　　　　ＦＡＸ（03）3953-5772
　　　　　ＵＲＬ　www.kajo.co.jp
営業部　　郵便番号 171-8516
　　　　　東京都豊島区南長崎3丁目16番6号
　　　　　ＴＥＬ（03）3953-5642
　　　　　ＦＡＸ（03）3953-2061

組版　㈱粂川印刷　／　印刷・製本（POD）京葉流通倉庫㈱

落丁本・乱丁本は本社でお取替えいたします。
★定価はカバー等に表示してあります。

Ⓒ Y.Okada 2018
Printed in Japan
ISBN978-4-8178-4457-6

JCOPY 〈出版者著作権管理機構 委託出版物〉

本書を無断で複写複製（電子化を含む）することは、著作権法上の例外を除き、禁じられています。複写される場合は、そのつど事前に出版者著作権管理機構（JCOPY）の許諾を得てください。
また本書を代行業者等の第三者に依頼してスキャンやデジタル化することは、たとえ個人や家庭内での利用であっても一切認められておりません。

〈JCOPY〉　ＨＰ：https://www.jcopy.or.jp、e-mail：info@jcopy.or.jp
電話：03-5244-5088、FAX：03-5244-5089

商品番号：40702
略　号：心問題

心の問題と家族の法律相談
離婚・親権・面会交流・DV・モラハラ・虐待・ストーカー

森公任・森元みのり 著
酒田素子 医事監修

2017年11月刊 A5判 340頁 定価3,300円(本体3,000円)
978-4-8178-4444-6

- 家事事件を多数取り扱う弁護士事務所が蓄積した実際の事例をもとにした12の設例について、両当事者の弁護士の立場から解説。
- 家族トラブルの相談に頻出する法的問題と「心の問題」について、弁護士・精神科医の視点から平易に解説。

商品番号：40695
略　号：Q社障

Q&A 実務家が知っておくべき社会保障
障害のある人のために

佐々木育子 編著
板野陽一・小久保哲郎・藤井渉・藤岡夕里子 著

2017年10月刊 A5判 484頁 定価5,060円(本体4,600円)
978-4-8178-4431-6

- 各分野の実務に習熟した執筆陣が、「法律実務家であれば押さえておきたい」制度と手続について、全56問のQ&Aで解説した、今までにない、体系的な障害者支援のための実務書。支援をめぐって生じる様々な法的問題を網羅的に収録。理解を助ける図表、受給金額の算出式も多数収録。

日本加除出版

〒171-8516　東京都豊島区南長崎3丁目16番6号
TEL (03)3953-5642　FAX (03)3953-2061　(営業部)
www.kajo.co.jp